문학의 기본 개념 23

멜랑콜리

문학의 기본 개념 23

멜랑콜리

지 은 이　박 혜 정
펴 낸 곳　연세대학교 대학출판문화원
주　 소　서울특별시 서대문구 연세로 50
전　 화　(02) 2123-3380~2
팩　 스　(02) 2123-8673
ysup@yonsei.ac.kr
http://press.yonsei.ac.kr
등　 록　1955년 10월 13일 (제 9-60호)
인　 쇄　(주)네오프린텍

2015년 10월 27일 1판 1쇄
ISBN 978-89-6850-122-7 (93800)

값 10,000원

문학의 기본 개념 23

멜랑콜리

박 혜 정

연세대학교 대학출판문화원

머리말

'멜랑콜리'는 우울, 우수라는 의미로 사용된다. 멜랑콜리라는 단어를 듣거나 말하면, 슬프면서도 아름다운, 낭만적인 감정이 느껴진다. 추억과 회한이 연결되면서 가벼운 슬픔이 마음속 어딘가에서 일어나는 듯하다.

그런데 멜랑콜리는 어원적으로 '검은 담즙'이라는 뜻이다. 검은 담즙과 슬픈 감정이 과연 어떤 관계가 있는 것일까? 그리고 검은 담즙이란 도대체 무엇일까? 한국인이 사용하는 멜랑콜리의 의미 범위는 제한적이지만, 멜랑콜리라는 단어에는 2000년이 넘게 이어져 온 서양의 의학사와 정신문화사가 농축되어 있다. 그러니 이 단어는 매우 무거운 단어이며, 간단하지 않은 단어이다.

멜랑콜리의 기원은 의학이다. 더 정확하게는 서양 고대의 의사 히포크라테스에서 시작한다. 히포크라테스는 '근심과 슬픔이 멜랑콜리라는 검은 담즙의 질병을 만들어낸다'고 말했다. 이 공식은 점차로 사례와 예증이 풍부해져서, 로마의 의사 갈레노스가 보다 명료하게 다듬었고, 그 이후 18세기에 근대 의학이 발전할 때까지 2000여 년 동안 서양의 의학을 지배해왔다.

하지만 히포크라테스의 이론은 상상의 산물임이 밝혀졌다. 검은 담즙이라는 물질은 존재하지 않고, 멜랑콜리라는 개념과 단어는 더 이상 의학 용어에서 사용되지 않는다. 그렇다면 멜랑콜리는 무의미한 말이고 단순한 환상일 뿐인가?

사실 멜랑콜리는 의학과 철학이 분리되지 않았던 고대에서 시작되어, 학문의 분과가 여러 개로 나뉘지 않았고 심리학이나 정신의학이 본격적으로 발달하기 이전 시대의 산물이다. 그러므로 멜랑콜리가 포괄하는 인간의 심리 상태는 매우 다양하고, 멜랑콜리에 대해 언급하고 있는 글들도 의학, 철학, 문학, 예술은 물론 점성학에 이르기까지 방대한 범위에 걸쳐있다. 따라서 멜랑콜리의 역사를 조사하는 사람들은 미궁 속에서 길을 잃어버리기 십상이다.

이러한 어려움을 피하기 위해 우리는 주로 문학 작품에 나타난 멜랑콜리의 주제를 다루고자 한다. 물론 여러 문학 장르에서 표현된 멜랑콜리의 양상 뿐 아니라 여러 나라와 시대까지 고려하면 그 분량은 무척 많다. 따라서 멜랑콜리의 주제를 문학에 한정하되, 먼저, 멜랑콜리라는 개념이 생겨나게 된 기원을 알아보고자한다. 우리의 멜랑콜리 논의는 역사적 고찰을 피해갈 수는 없다. 멜랑콜리를 연구대상으로 삼은 위대한 의사, 철학자의 생각과 그들의 사유과정을 정리해 보고, 고대로부터 현대까지 멜랑콜리 개념의 변천과정을 따라가 보기로 하자. 두 번째로, 멜랑콜리와 예술적 창조성과의 관계를 살펴보고자 한다. 이 문제는 우리의 논의에서 중요성을 지닌다. 단순한 우울함을 넘어서는 멜랑콜리는 서양 문화사에서 천재성을 중시한 전통의 근원에 있다. 동양에서는 개인의 천재적 탁월성보다는 개인과 사회의 조화와 유대감에 우위를 두는 경향이 있었다. 서양에서는 비록 인간적으로는 정서적, 인격적 결함이 있는 사람이라 하더라도 창조력을 발휘함으로써 인류에 공헌한 바가 있다면 대단한 평가를 받아 왔다. 이 때 천재적 개인은 도덕성을 넘어서는 존재가 된다. 이러한 서구의 전통과 멜랑콜리 개념의 발전사는 밀접한 관계가 있는 것이다.

그런데 이 같은 생각의 근원은 아리스토텔레스로 거슬러 올라간다. 히포크라테스와 플라톤의 사상을 계승한 아리스토텔레스의 『문제 30-1 Problemata XXX-1』은 검은 담즙과 천재성을 연결시킨 최초의 글이다. "철학, 정치학, 시 혹은 예술 분야에서 탁월한 사람들은 왜 모두 멜랑콜리한가?"라는 아리스토텔레스의 단언이 과연 설득력이 있는지 알아보고, 그 단언이 서양 문화에서 어떻게 수용, 계승, 발전되었는지를 여러 작품을 통해 감상하는 것이 우리의 목표이다.

우리의 시도는 멜랑콜리라는 개념을 보다 깊이 있게 논의하고자 하는 데에 있음은 물론이다. 단순히 슬픈 감정이자 사치스럽고 낭만적인 감정으로 여겨왔던 이 단어의 의미를 천착하는 것은 충분히 의미 있는 작업으로 생각된다. 멜랑콜리의 기원은 서양의 그리스에서 비롯되었지만, 이 개념은 그리스와 로마 시대, 중세의 기독교 문화를 거치고 아랍 문명과도 조우하면서 변화, 발전되었기 때문에 전체 인류문화사에 걸쳐 있는 방대한 주제인 것이다. 고대인들은 신체와 정신을 통합하여 사고했다는 점에서 동·서양이 다르지 않다. 그리고 21세기에도 신체-정신을 통합하는 사유는 여전히 유효하고 의미가 있다. 검은 담즙이라는 멜랑콜리는 이러한 신체와 정신, 몸과 마음의 관계에 기초하고 있다. 멜랑콜리라는 하나의 주제를 통해 서구의 사상과 문화·예술을 통찰하고 나아가 동·서양의 사상을 비교해본다면 우리 사고의 지평이 한층 넓어질 수 있으리라 생각한다.

차례

I
고대 그리스

멜랑콜리에 관한 글 중에서 먼저, 고대의 가장 중요한 작품들을 중심으로 이 개념의 발전 과정을 살펴보기로 하자. 서양에서 '의학의 아버지'라고 불리는 히포크라테스의 글과, 아리스토텔레스의『문제 30-1』이라는 작품을 살펴보자. 첫 번째 글은 멜랑콜리에 대한 고대의 의학적 분석이고, 두 번째 글은 당대의 의학적 관점과 철학적 관점을 결합하여 논거를 제시한 글로서, 천재성과 멜랑콜리를 연결시킨 최초의 문헌이다.

1. 히포크라테스 : 검은 담즙의 이론

멜랑콜리의 역사는 기원전 5세기부터 시작된다. 멜랑콜리란 melan과 kholia의 합성어로서 '검은'이라는 뜻의 melan과 '담즙'이라는 뜻의 kholê로 이루어진, '검은 담즙'을 의미하는 단어이다.

그렇다면 검은 담즙이란 과연 무엇인가? 이 물질은 고대 그리스 의학의 체질론에서 유래했다. 그리고 체질론은 히포크라테스(BC 약 460-377)가 확립한 의학 이론이다. 히포크라테스의 체질론이 무엇인지 간단히 살펴보기로 하자.

기원전 5세기 중반, 지금으로부터 2천 500여 년 전, 까마득히 먼 시대에 활동한 히포크라테스가 서양 의학사와 멜랑콜리의 역사에서 의미를 지니는 이유는 무엇일까? 그것은 무엇보다 그의 합리적인 사고방식에서 기인한다. 그리스보다 문명이 앞서 있던 고대 이집트인과 바빌로니아인에게 병이란 신이 내린 벌이었다. 의사가 가장 먼저 해야 할 일은 죄를 진단하고 정화하는 것이었다. 그런데 신의 간섭에 의해서 병이 생기는 것이 아니라 모든 병에는 신체적인 이유가 있다고 확신했다는 점에서 히포크라테스는 그 시대 사람들보다 합리적이고 따라서 과학적이었다. 예를 들어 신성한 질병으로 여겨지던 간질에 대해, 히포크라테스는 신의 노여움 때문에 간질 발작이 일어난다는 식의 설명은 이 병의 본질을 알지 못하고 치료할 능력이 없는 의사들이 자신의 무지를 감추는 것이라고 생각했다. (Adams, 1990, 326-327)

히포크라테스는 4체액 이론을 정립했는데, 체액이란 인간의 몸을 구성하고 있는 액체를 가리킨다. 뼈, 살, 피부를 제외한 체액에는 혈액, 점액(침, 눈물, 콧물 등), 노란 담즙, 검은 담즙이 있다. 히포크라테스에 의하면 건강하다는 것은 이 네 가지 체액이 균형을 이룬 결과이며 질병은 그 중 하나가 우세하거나 모자랄 때 발생한다는 것이었다. 고대 그리스인들은 박테리아나 바이러스에 대한 개념이 없었고, 체외에서 체내로 침투해오는 질병들이 있으리라고는 전혀 짐작하지 못했다.

그러나 현대의학에서 인체의 건강은 체액이 아니라 전해질을 비롯한 많은 화학 성분들 때문이라는 사실이 밝혀져 있다. 물론 체액은 존재한다. 4체액 중 혈액과 점액은 쉽게 확인할 수 있고, 노란 담즙은 토하거나 종기에서 고름이 터져 나올 때 볼 수 있다. 그런데 검은 담즙이란 무엇일까? 아마도 감염된 상처에 나타나는 어두운 색의 물질, 혹은 환자가 매우 위중한 상태에 있을 때 배출되는 물질을 지칭하는 것으로 보인다. 히포크라테스는 「인간의 본성에 대하여」라는 글에서, "배설하는 약을 먹고 너무도 지나치게 많이 배설하여 사망한 사람들을 보면, 어떤 이는 담즙을 토하고, 어떤 이는 점액을 토했는데, 죽어가면서 토해낸 체액에 의해 사람은 구성되었다고 생각되었다. (..) 인간의 신체 밖으로 피가 흘러나오는 것을 보고, 피가 인간의 영혼을 만들어낸다고 생각하기도 하였다"(Dandrey, 2005:28)라고 말했다. 그런데 검은 담즙은 어디에서 생성되는 것일까? 위장이 덮고 있는 장기로서, 작고 색이 어두운 비장이 있다. 우리말에서 '비위脾胃가 약하다'라는 말에서 '비위'는 비장과 위장을 가리킨다. 그러므로 검은 색을 띤 비장이 검은 담즙의 저장소라고 쉽게 생각될 수 있었다. 히포크라테스 이래로 의사들은 비장의 역할이 무엇인지 궁금하게 여겨왔는데, 오늘날 비장은 쉽게 감염이 되지 않도록 하는 여과장치 역할을 하는 것으로 알려져 있다. 하지만 검은 담즙은 사실 상상의 산물이다. 다른 체액들의 기능이나 성질에 관한 개념도 허구적인 면이 있다. 그리스인들은 모든 것이 네 가지로 이루어져 있다고 믿으려는 경향이 있었기 때문에 네 번째 체액이 있어야 했고, 그래서 검은 담즙이라는 개념이 만들어졌다고 할 수 있다. (벤딕, 2002:121~122)

이렇게 모든 것을 넷으로 구분하는 그리스인들의 경향은 피타고라스(BC 약 570-496)에서 시작된다. 만물을 '수의 비례'로 설명하면서 숫자 4의 중요성을 숭배한 피타고라스는 4를 "영원한 자연의 원천과 뿌리를 포함하는 숫자" (Klibansky, 1989:33)로 생각했다. 자연에는 크게, 대지, 공기, 불, 물이 있고, 봄, 여름, 가을, 겨울이 순환한다. 동서남북 네 방향이 있고 네 가지 바람이 있다. 마찬가지로 인간의 신체는 뇌, 심장, 배꼽, 생식기의 네 부분으로 되어 있으며, 인간의 영혼은 지성, 이해, 견해, 인식으로 되어 있다고 보았다. 건강이란 다른 성질들 간의 균형을 의미하고, 질병이란 어떤 하나의 성질이 우세하게 된 상태를 의미한다는 고대인의 생각은 피타고라스로부터 확립된 개념이다.

그 이후에 엠페도클레스(BC 약 494-434)는 피타고라스와 이전 자연철학자들의 사상[1])을 종합했는데, 그에 의하면 세

1) 멜랑콜리는 그리스 사상가들이 '인간은 과연 무엇인가?'라는 의문에 대한 답을 찾는 과정에서 생겨났다고도 할 수 있다. 소위 자연철학자라고 불리는 그들은, 만물의 근원을 신화적으로 설명하는 태도에서 벗어나, 기원전 6세기경부터 '아르케arche' 즉, '모든 것의 시초이면서 모든 것을 배후에서 지배하는 궁극적 원리'를 탐구하기 시작한다. 그들은 자연을 지배하는 법칙

상이 네 가지 원소인 불, 흙, 공기, 물로 되어 있고 이 요소는 우주의 총체, 즉 태양, 대지, 하늘, 바다와 연결된다고 보았다. 또한 자연에는 네 계절이 있고, 네 가지 기본 성질(따뜻함, 차가움, 건조함, 축축함)이 있으므로 자연의 일부인 인간 역시 이 4요소를 따르는 것이 분명하다고 생각했다. 이 요소들은 동등한 가치와 힘을 지니고 있고, 각각의 요소는 고유한 기능과 성질을 가지고 있다(밤바카스, 2012:340). 계절이 운행할 때, 각 요소는 어떤 시기에서 우세하게 되고 이것이 바로 고대 그리스인들이 중요성을 부여한 '혼합krasis'이라는 개념이다.

그런데 이러한 혼합은 상황과 경우마다 다르고 혼합으로 인해 모든 종류의 인간이 태어나며 인간의 성격이 규정된다고 한다. 그리하여 여러 요소들 간의 비율이 완벽하게 혼합되면 완벽한 건강상태에 도달하고, 가장 위대한 지성과 가장 섬세한 영혼이 만들어진다. 예를 들어 웅변가는 언어의 혼합이 특히 우세한 사람이고 기술자는 손의 혼합이 우세한

을 찾아낸 후 그 자연법칙에 따라 인간을 정의하고자 했다. 철학의 아버지로 불리는 탈레스는 만물의 궁극적 원리를 '물'로 설명하였고, 아낙시만드로스는 만물이 '공기psyche'로, 크세노파네스는 '흙'으로, 헤라클레이토스는 '불'로 이루어져 있다고 말했다. 엠페도클레스는 만물이 단 하나의 구성요소로만 되어있다는 자연철학자들의 말에 의구심을 갖고 흙, 물, 불, 공기의 4원소로 구성되었다고 주장했고, 플라톤은 그의 생각을 받아들인다. 동양의 불교에서도 지수화풍(地水火風)으로 자연과 인간 구성 요소를 설명하고 있으니 고대인들의 사유에는 공통점이 있다고 할 수 있다. 또한 고대 중국에서 음양오행(陰陽五行)을 우주와 인간을 설명하는 원리로 삼았듯이, 고대 그리스에서는 숫자 4를 중심으로 네 가지의 원리를 중시하였음을 알 수 있다.

사람이라는 식이다(Klibansky, 1989:34-35).

하지만 인간과 우주가 최초의 같은 요소에서 비롯되었다는 엠페도클레스의 주장은 너무 일반적으로 여겨졌다. 인간 존재가 물리적 우주처럼 물, 불, 공기, 흙으로만 구성되어 있다고 생각하기는 어려웠던 것이다. 엠페도클레스의 계승자들은 이 요소들을 보다 자세히 조사함으로써, 인간에게서 4요소들의 결합을 찾아내고 각각의 요소들은 특정한 성질을 가지고 있다는 개념을 도입한다. 그리하여 불-따뜻함, 공기-차가움, 물-축축함, 흙-건조함의 쌍으로 대응시켰다. 히포크라테스는 이러한 4원소설을 인체에 적용하여 4체액설을 세웠던 것이다. 다음의 히포크라테스의 글을 보면 고대인들의 자연관과 인간관을 짐작할 수 있다.

> 점액질은 인간에게서 겨울 동안 증가한다. 왜냐하면 모든 체액 중에서 가장 차갑기 때문이다. 그리고 이 계절에 가장 잘 부합되기 때문이다. 점액질이 가장 차갑다는 것을 확인하고 싶다면 점액질과 담즙, 피를 만져보라. 전자가 다른 둘보다 더 차갑다는 것을 발견할 것이다. 그렇지만 그것은 끈적끈적해서 검은 담즙 다음으로 배출하는 데 가장 힘이 든다.
>
> 또한 신체에서 점액질의 증가에 겨울이 영향을 미친다는 증거는 겨울에 침을 뱉거나 코를 풀 때 점액질이 가장 많이 배출되고, 전신부종과 점액질 관련 질병이 가장 많이 생기는 때가 겨울임을 보면 된다.(...) 봄과 여름에는 이질이 특

히 많고, 코에 출혈이 생기고, 신체가 빨개지고 더워진다. 여름에는 피가 여전히 힘이 있지만 담즙이 서서히 움직이기 시작한다. 그것은 가을까지 느껴진다. 피는 이 계절에는 감소하고 담즙이 여름과 가을에 우세해진다. 이 시기에 자연스레 발생한 구토물이 그 증거이다. 하제가 유발하는 담즙성 배설과 발열의 성격과 피부의 색깔도 그 증거가 된다. 점액질은 건조하고 더운 여름에 최소가 되고, 여름은 점액질과 성격이 정반대이다. 인간 신체가 다시 차가워지기 시작하고 건조한 계절인 가을에 피는 최소가 된다. 이때는 검은 담즙이 풍부해지고 우세해진다. 다시 겨울이 오면 차가와진 담즙이 줄어들고, 점액질이 비의 증가와 밤의 길이에 의해 증가한다. 그러므로 이 모든 체액은 인간의 신체에 항상 존재한다. 각각은 고유의 분량과 성격에 따른다. 한 해는 어떤 계절도 없는 법이 없고, 이 요소들 중 어떤 것도 따뜻함, 차가움, 건조함, 축축함이 없는 것이 없다. 실제로 이 요소들 중 어떤 것도 이 세상에 존재하는 사물들의 전체성이 없으면 한 순간도 존속할 수 없을 것이다. 하나가 부족하면 전체가 사라지는 것이다.(히포크라테스, 「인간의 본성에 대하여」, Dandrey, 2005:29-30 재인용)

옛날 사람들은 매년 반복되는 계절의 순환을 경험하면서 인간도 당연히 자연 현상에 영향을 받는다고 생각했다. 계절의 특성과 인간 신체의 관계를 도출하는 기준은 이렇게 유사성에 입각한 유추적 사고였다.

그런데 4체액 중에서 멜랑콜리(검은 담즙)란 단어는 체액을 가리키기도 하고, 이 물질이 야기하는 질병을 뜻하기도 하는 이중의 의미를 지닌 점이 다른 체액들과 다르다. 무엇보다 검은 담즙이 원인이 되는 질병이 바로 간질이었다.

> 멜랑콜리한 자는 통상 간질환자이고 간질환자들은 멜랑콜리한 자이다. 이 두 상태로부터 그 중 하나가 결정된다. 질병은 이 방향을 취한다. 만약 질병이 신체에 영향을 미치면 간질이 되고, 지성에 영향을 미치면 멜랑콜리가 된다.(히포크라테스,「유행병」, Starobinski, 2012:24 재인용)

갑자기 기절하거나 간헐적인 광기를 보이는 질환인 간질은 이유를 찾아낼 수 없었기 때문에 신의 노여움에 의한 병이라는 의미에서 '신성한 질병'으로 간주되었다. 하지만 히포크라테스는 정신적 질병의 원인을 검은 담즙이라는 신체 구성 요인에서 찾았고, 신체의 요소가 정신에까지 영향을 끼칠 수 있다고 보았던 것이다. 그런데 멜랑콜리의 원인과 증상을 언급한 히포크라테스의「아포리즘 VI-23」을 보자.

> 두려움과 슬픔이 오래 지속되면 그것은 멜랑콜리이다.(Adams, 1990:295)

이후의 검은 담즙과 멜랑콜리의 모든 논의는 위의 경구에서 비롯될 만큼 이 구절은 매우 중요하다. 검은 담즙이 원인이 된 멜랑콜리의 증상은 두려움과 슬픔이다. 두려움과 슬픔의 정도가 심해지면 정신착란을 일으키는 간질과 같은 증상이 나타난다고 보았던 것이다.

이렇게 히포크라테스 의학에서 질병으로 간주되던 멜랑콜리는 기원전 5세기 경 그리스의 여러 비극 작품 속 인물들의 광기어린 행동에서도 표현되었고, 플라톤 철학에서는 '격정(광기)'의 개념으로까지 이어진다. 아리스토텔레스는 그 때까지의 견해를 종합하면서도 나름대로 독특한 이론, 즉 '탁월한 인물의 멜랑콜리'로 개념을 확장한다. 다음 장에서는 『문제들』이라는 작품을 통해 아리스토텔레스가 멜랑콜리를 어떻게 인식하고 있는지 살펴보기로 하자.

2. 아리스토텔레스 : 위대한 멜랑콜리

히포크라테스에서 비롯된 멜랑콜리의 의학적인 개념과, '격정'이라는 플라톤의 개념을 최초로 결합한 문헌이 아리스토텔레스(BC 384-322)의 『문제 30-1』[2]이다. 분량은 적지만

2) 이 책의 제목은 『Problemata physica』로서 통상 『문제들』로 번역된다. 수학, 생물학, 물리학, 천문학의 어려운 문제들을 문답형식으로 정리하고 있는데, 책의 저자는 분명하지 않다. 아리스토텔레스의 저술로 평가되고 있으나 그의 제자로서 스승이 세운 리케이온 학원을 36년 동안 이끈 테오프라스토스Theophrastos(BC 371-287년)의 작품이라는 설도 있다. 아리스

멜랑콜리와 천재의 관련성을 제시하여, 고대로부터 현재에 이르기까지 서양 문화에 막대한 영향을 끼쳐왔다. 현대의 과학적, 의학적 지식과는 사뭇 다른 지식으로 논리를 전개하기 때문에 처음 읽으면 수수께끼같이 느껴지고 꼼꼼히 읽지 않으면 말도 안 되는 글이라고 폄하하기 쉽다. 그러나 '천재들은 특이하고 기이하며 일반인의 윤리 기준에 맞추어 평가할 수 없다'고 서양인들이 당연하게 받아들였던 사고의 근원이 어디에서 비롯되었는지 이해할 수 있다. 『문제 30-1』을 전체적으로 살펴보면서 아리스토텔레스의 생각을 따라가 보자.

(1) 멜랑콜리와 위대한 인물들

이 책은 도발적인 질문으로 시작한다.

> 철학, 정치학, 시 혹은 예술 분야에서 모든 예외적인 사람들은 왜 그토록 멜랑콜리한가? 그리고 영웅 신화의 헤라클레스처럼 왜, 어떤 이들은 검은 담즙의 질병에 걸리는 것일까? (Pigeaud, 1988:83)

저자는 질문을 통해 "예외적인(탁월한) 사람들은 모두 멜랑콜리하다"라고 단정 짓는다. 그리고는 곧이어 위대한 헤

토텔레스의 사상이 녹아있는 이 저서는 아리스토텔레스 학파 사람의 작품인 것은 분명하며, 기원전 1세기 이후를 넘어서지는 않는다는 것이 학자들의 생각이다(Pigeaud, 1988:55-56 참조).

라클레스도 멜랑콜리했다고 대답한다.

> 실제로 헤라클레스는 이 같은 기질을 가졌던 것 같다. 그 때문에 고대인들은 간질 발작을 '성스러운 질병'이라고 불렀던 것이다. 이는 자기 아이들에게 광기어린 행동을 저지르고 오이타에서 사망하기까지 그에게 닥친 울혈(鬱血)[3]의 발작을 보면 명백히 알 수 있다. 이것이 바로 검은 담즙의 결과로서, 많은 사람들에게 일어날 수 있는 사건인 것이다.(위의 책, 83)

위의 글은 간질을 검은 담즙의 결과로 본 히포크라테스의 체액설을 따르고 있다. 그리고 신화적 인물을 과학적 논쟁의 예로 사용하고 있다는 점에서 고대 그리스인들이 신화로부터 얼마나 지대한 영향을 받고 있었는지 짐작할 수 있다. 헤라클레스의 수많은 일화 중, 병리적인 두 사건 즉, 광기에 사로잡힌 사건과 독 묻은 옷으로 인해 사망한 사건이 제시되어 있다. 헤라클레스는 걸핏하면 광기에 빠져서 자신의 세 아들을 죽였고, 오해로 인해 사람을 죽이기도 했다. 그의 마지막 비극적 일화는 물뱀 휘드라의 독 묻은 옷을 입고 고통에 못 이겨 오이타라는 곳에서 스스로 화장된 사건이다.[4]

---

3) 정맥이 주위의 압력을 받아 좁아지거나 정맥 안의 혈액이 굳어 막히는 것 등이 원인이 되어 장기(臟器)나 조직에 혈액이 고이게 되는 증세. 혈액이 고여 있는 부위가 암자색이나 암청색으로 변하고, 조직이 부어오른다.

4) 휘드라의 피를 묻힌 헤라클레스의 화살은 치명적인 무기였다. 헤라클레스

고대 그리스인들은 물뱀 휘드라의 피는 검은 색이라고 생각하여, 이 독성과 검은 담즙의 독성을 동일시했던 것이다.

그리스인들은 검은 담즙이라는 불길한 물질이 혼미한 의식, 낙담, 두려움, 망상, 광기와 같은 상태를 불러일으킨다고 생각했다. '멜랑'이 '검은'이라는 의미를 지니고 있으므로, 밤에 울부짖으며 돌아다니는 인간의 미친 행동도 바로 이 검고 불길한 물질 때문이라고 믿었다. 이러한 생각 역시 유추적 사고 행위에 의거한 신화적 사고라고 할 수 있다. 로고스를 중요하게 여기는 이성적, 철학적 태도와 함께 종교적, 신화적 직관이 존재하고 있었다고 하겠다. 특히 에우리피데스를 위시한 비극작가들은 메데이아나 파이드라, 아가멤논과 같이 광기에 사로잡힌 신화적 인물들을 무대 위에 올렸고, 사람들은 위대한 신화적 인물들에게 매혹되어 멜랑콜리를 "불길한 숭고함(Klibansky, 1989:47)"으로 여기게 되었다. 이렇게 멜랑콜리의 성향은 신화와 관련되어 영웅적 성향으로 통하기 시작하고 있었던 것이다. 또한 위의 글에는 광기에 빠진 다른 신화적 영웅, 아이아스와 벨레로폰테스도 등장한다.[5)]

의 아내를 겁탈하려던 켄타우로스족의 한 명인 네소스는 휘드라의 피를 묻힌 헤라클레스의 화살에 맞아 죽는다. 그는 헤라클레스의 아내에게 자기의 피를 받아두었다가 남편의 사랑이 식으면 '사랑의 미약'으로 쓰라고 말한다. 한 여자노예에게 헤라클레스의 마음이 빼앗긴 것을 안 그의 아내 데이아네이라는 남편의 옷에 네소스의 피를 묻히고, 이 옷을 입고 오이타라는 곳에서 제우스신에게 제사를 올리려던 헤라클레스는 살갗을 파고드는 휘드라의 독기를 이기지 못하여 자신이 스스로 제단 위에 올라가 화장된다.

5) 그리스의 장군 아이아스는 트로이의 왕자 헥토르에게 살해당한 아킬레우스의 갑옷을 오뒤세우스에게 빼앗기자 광기에 빠져 자살하였다. 벨레로폰테스

그리고 아리스토텔레스는 당시의 실존 인물들 중에서 철학자 엠페도클레스와 소크라테스, 플라톤도 멜랑콜리의 질병으로 고통을 받았다고 말한다. 엠페도클레스는 특이한 죽음으로 유명한데, 스승의 지혜에 경탄하던 그의 제자들은 스승이 인간일 리가 없다고 생각했다. 죽음의 순간이 다가오자 제자들이 실망할까봐 초조해하던 엠페도클레스는 시칠리아의 에트나 화산에 몸을 던지기로 결심한다. 하지만 화산 분화구에서 일어난 작은 분출로 인해 신발 한 짝이 튀어 나오는 바람에 흔적도 없이 사라진다는 그의 소망이 이루어지지 못했다는 재미있는 일화도 있다. 그러나 이 철학자가 멜랑콜리의 질병에 걸렸는지는 알려지지 않았다(Pigeaud, 1989:112). 소크라테스는 생전에 다이몬daimon의 소리를 들었고, "그 일종의 신적이고 영적인 것이 나타나는데, 이것이 어릴 적부터 시작되었으며 일종의 소리로 나타나면서, 언제나 내가 하려고 하는 것을 말릴 뿐 결코 적극적인 권유를 하는 일은 없었다"(플라톤, 2003:153)고 말한 바 있다. 또한 소크라테스는 아고라 광장 한 가운데에 하루 종일 꼼짝 않고 앉아 무언가를 골똘히 생각한 적이 많았다는 점에서 그의 기

는 대단한 무훈을 세운 영웅이지만 자만심에 사로잡혀 페가수스를 타고 제우스의 거처에까지 올라가려는 만용을 부리다가, 제우스가 땅에 내던져 사망한 것으로 이야기된다. 호메로스는『일리아스』제6장, 200-203행에서, 벨레로폰테스가 신들의 미움을 받아 비탄에 잠겨 들판을 홀로 방황하면서 사람들이 다니는 길을 피했다고 말한다. 비탄에 잠겨 사람을 피했다는 벨레로폰테스의 행위에서 멜랑콜리의 특성이 있다고 여겨졌던 것이다.

이함은 이미 멜랑콜리로 진단이 내려졌다고 할 수 있다. 플라톤은 『파이드로스』라는 작품에서 소크라테스의 입을 빌려, 광기의 두 가지 종류를 구분하면서 하나는 질병이고, 다른 하나는 신의 영향으로 성격에 변화가 오는 것이라고 했다. 플라톤에 의하면, 좋은 것들 중에서도 가장 대단한 것들은 광기를 통해서 신의 선물로 주어질 때 생긴다. 특히 무사(뮤즈-Muse) 여신에 의한 광기는 여리고 때 묻지 않은 영혼을 서정시로 인도해 옛사람들의 위업을 찬미하게 함으로써 후세를 교육하도록 한다(플라톤, 2012:78-80). 무엇보다 플라톤의 『파이드로스』에 나타난 다음의 글은 아리스토텔레스 이후 서양의 시인들에게 지대한 영향을 끼친 구절이다.

> 무사 여신의 광기 없이도 기술(技術)로써 어엿한 시인이 될 수 있으리라고 믿고서 시의 문에 다다르는 자는, 그 자신 목적을 이루지 못할 뿐 더러 그의 시, 즉 제정신인 자의 시는 광기가 든 사람의 시에 의해 무색해지지.(위의 책, 80)

무사 여신의 영감을 받은 사람, 신으로부터 천재성을 부여받은 사람만이 시를 쓸 수 있다는 것이다. 그리고 『문제 30-1』의 저자가 멜랑콜리의 가장 훌륭한 모델로 생각한 사람은 시인이다. 그 이유를 살펴보기 전에 먼저, 이 위대한 사람들이 경험한 병의 특성과 원인에 대해 저자가 어떻게 설명하고 있는지 알아보자.

(2) 멜랑콜리의 원인과 양상

아리스토텔레스는 모든 사람들이 검은 담즙이 일으키는 질병에 걸릴 수 있다고 말한다. 그는 포도주와 검은 담즙의 공통점으로부터 논의를 시작한다. 첫째로 포도주를 마신 사람들의 행동 양태와 멜랑콜리한 사람들의 행동 양태가 유사하고, 그 양태는 두 물질의 양에 좌우된다. 물이나 우유, 꿀과는 달리 포도주는 정신에 강한 영향을 미쳐 마신 양에 따라 사람들을 여러 가지 성격과 특성으로 변화시킨다. 화를 잘 낸다거나 동정심이 많아지고 대담해진다. 냉정하고 조용해지거나 수다스럽고 낙관적이 되기도 한다. 혹은 폭력을 행사하고 미치기도 한다. 극도로 많은 양이 체내에 흡수되면 타락한 모습을 보이거나 얼빠진 바보가 되기도 한다. 그러므로 마치 다른 사람이 된 것 같다. 검은 담즙의 질병에 걸린 사람도 이와 같은 모습을 보인다. 저자는 멜랑콜리한 사람의 갖가지 양상에 관심을 가지고 있었던 것으로 보인다.

두 번째로 포도주와 검은 담즙을 동일한 특성이 있는 물질로 간주한 이유는 둘 다 공기의 성질을 지니고 있어서 가스가 발생한다는 점 때문이다. 포도주는 발효과정에서 거품이 일어나고, 검은 담즙도 피부의 정맥을 부풀게 한다. 탁월한 식물학자이자 동물학자이기도 했던 아리스토텔레스의 관찰력이 돋보이는 부분인데, 그는 포도나무 수액은 가스가 많다고 말한다. 검은 담즙에 거품이 있다는 것이 증명되지는 않았다. 저자는 포도주나 검은 담즙은 온기에 민감하게 반응하면서 공기와 작용하여 가스를 발생시킨다고 본 것 같다. 온도가 올라간다고 해서 기름이 거품을 만들어내지는 못한다는 것이 그 반증이다. 그리고 당시 사람들은 검은 담즙이란 노란 담즙이나 혈액이 소화과정에서 산화된 물질이라고 생각했다.

마지막으로, 포도주의 최음 작용과 자제력을 마비시키는 작용은 기질적으로 멜랑콜리한 사람에게도 나타난다는 것이다. 이는 플라톤의 제자인 아리스토텔레스가 스승으로부터 영향을 받은 것으로 여겨진다. 플라톤에게 있어서 멜랑콜리는 진짜 광기는 아니지만 이성과 의지를 흐리게 만드는, 정신적으로 잘못된 상태였고, 독재자의 영혼이자 가장 나쁜 이의 영혼을 가리키는 용어였다. 다음의 글은 플라톤의 『국가』에 나오는 구절인데, 소크라테스의 대화이다.

> "그러면 여보게나, 술 취한 사람 역시 참주적인 생각을 하는 사람이 아닐까?" 내가(소크라테스) 물었네.
>
> "실상 그럴 것입니다."
>
> "더 나아가 미치고 착란 상태에 있는 사람이라면 인간들만이 아니라 신들조차도 지배하려 들며 그럴 수 있기를 바랄 걸세."
>
> "물론 그럴 것입니다." 그가 말했네.
>
> "그러나 여보게나, 어떤 사람이 엄밀한 의미에서 참주적 인간이 되는 것은 그가 천성에 의해서나 생활 습관에 의해서

또는 이 양쪽 다에 의해서 술꾼처럼 되고 멜랑콜리하게 될 때에 있어서네." 내가 말했네.

"전적으로 그렇습니다."(플라톤, 2013:568)[6]

위의 구절을 보면 술 취한 사람, 독재자인 참주, 미친 사람들은 비슷한 인간 유형으로 취급되어 있다. 그리고 타고난 천성에 의하거나 습관에 의해 술 취한 사람과 멜랑콜리한 사람이 된다는 주장이다. 아리스토텔레스는 이 견해를 보다 논리적으로 발전시키고 있음을 알 수 있다. 그리고 여기에 매우 중요한 점이 덧붙여지는데, 검은 담즙은 돌이나 철처럼 열기와 냉기에 영향을 받는다고 한다. 검은 담즙이 차가우면 사람은 무감각해지고 더워지면 과도하게 흥분하게 된다.

> 검은 담즙의 혼합은 질병에서와 마찬가지로 사람들을 불안정하게 만들고, 같은 방식으로 그 자체가 불안정해진다. 왜냐하면, 그 기질은 물처럼 차갑기도 하고 뜨겁기도 하기 때문이다.(Pigeaud, 1988:99)

검은 담즙의 성질은 온기와 냉기에 쉽게 좌우되기 때문에 검은 담즙이 우세한 역할을 하는 사람들은 정신적으로 불안정하며 따라서 비정상적이라는 것이다. 이 원칙이 세워

6) 역자는 '멜랑콜리한'을 '욕정적이고 충동적인'으로 번역했음을 밝히고 있다.

졌으므로 모든 예외적인 사람들은 멜랑콜리하다는 주장에 대한 근거를 마련해야 한다.

(3) 위대한 멜랑콜리

위의 글에서 '예외적인(즉, 탁월한, 위대한)'으로 번역한 'perritos'의 의미를, 세 가지로 나누어 좀 더 자세히 살펴보자. 먼저 이 단어의 그리스어 표현은 'perritoi'로서 '과도하다', '남아있다'라는 'perritos'와 연관된다. 특히 남아있다는 뜻의 '잉여물perrissôma'이라는 개념은 아리스토텔레스가 사용한 것으로 히포크라테스의 용어는 아니라고 한다(위의 책, 19). 아리스토텔레스의 위의 글에 의하면, 음식 섭취 후 완전히 연소, 소화되지 않고 남은 찌꺼기가 신체를 통해 운반될 때, 노랗던 담즙이 검게 된다. 그 '잉여물', 즉 검은 담즙의 양과 농도에 따라 멜랑콜리한 기질의 여러 양태가 발현된다는 것이다. 일상생활의 식사에 의해 사람의 성격과 기질이 바뀌지는 않지만 검은 담즙에서 질병이 생길 수는 있고, 그 질병이 인간의 여러 유형을 촉발한다는 논리이다.

> 만약 혼합의 상태가 완전히 농축되었다면, 그들은 대단한 정도로 멜랑콜리한 사람이 된다. 그러나 만약 농축이 어느 정도 묽어지면 그 때는 예외적인 존재가 된다.(위의 책, 101)

그러므로 '예외적인perritos' 인물들은 '잉여물perrissôma'의 인간이라는 유추가 가능해진다. 두 번째로 perritos라는 단어에는 '비정상적인'이라는 의미가 있다. 검은 담즙의 양이 '비정상적으로' 너무 많으면 멜랑콜리한 사람이 되고 너무 적으면 아주 보잘 것 없는 지성의 소유자가 된다. 검은 담즙의 온도가 너무 차가우면 나약하고 무심하고 무기력한 사람이 되고, 너무 뜨거우면 정신이 동요하고, 미치고 흥분하며 사랑에 빠진 것과 같은 흥분 상태가 되거나 심지어 자살에 이르기도 한다. 그러므로 멜랑콜리 체액이 평범한 특성 이상으로 높아지기 위해서는 양이 충분해야 하고, 너무 덥지도 차갑지도 않은 상태를 유지해야 한다는 결론에 이르게 된다.

> 예를 들면 이 혼합이 너무 과도하고 차가운 사람들은 무기력과 멍한 상태에 빠지기 쉽다. 그것이 너무 과도하고 더운 사람들은 광기에 사로잡힐 위험이 있거나 타고난 재능을 소유했을 가능성이 있으며, 사랑에 몰두하는 경향이 있고, 충동과 욕망에 빠지기 쉽다. 또한 어떤 이들은 필요이상으로 말이 많아진다. 그러나 더운 기운은 사고가 이루어지는 장소와 가까이 있기 때문에, 많은 이들은 광기나 흥분과 같은 병적인 상태에 사로잡히기도 한다. 키벨레 여신의 사제들이나 보이오티아 지방의 예언가들, 영감을 받은 모든 이들의 경우가 이를 말해주는데 그들은 질병에 의해서가 아니라 타고난 기질에 의해서 그런 상태가 되는 것이다. 그리고 시라큐스

> 사람 마라쿠스는 광기에 빠져서도 여전히 위대한 시인이었다. 그런데 과도한 열기가 계속 높아지다가 적당한 상태에서 멈추게 된 사람들은 확실히 멜랑콜리하게 된다. 그러면 그들의 감각이 더욱 예민해지고, 비정상은 아니면서도, 어떤 분야에서는, 주로 문화, 예술, 국가의 경영 분야에서 다른 이들보다 우월해진다.(위의 책, 97)

위의 글은 검은 담즙의 온도가 극도로 올라가 광기에 사로잡힌 상태와, 높은 온도로 상승한 가운데 적당한 온도가 되어 대단한 능력을 발휘하게 되는 상태를 구분하고 있다. 전자는 신적인 광기에 사로잡혀 예언을 하는 사람들이나 영감을 받아 광기 속에서 시를 쓴 사람들을 말한다. 후자의 경우에 비로소 멜랑콜리한 탁월한 인간이 된다고 보아야 한다. "문화, 예술, 경영 부분에서 다른 이들보다 우월해진 상태", 이것이 바로 '건강한 멜랑콜리'라고 말할 수 있는 상태이다. 다시 말해 불안정한 체액의 적당한 혼합은 비정상의 정상 상태라고 말할 수 있다. 그리고 이 같은 상황에서 가장 높은 수준의 창조성이 발휘될 수 있다고 여겨졌던 것이다.

그러므로 세 번째로, 'perritos'의 '비정상적인'이라는 의미에서 좀 더 나아가 '과도한', '특별한', '이해의 범위를 넘어서는' 어떤 것이라는 뜻으로 고찰해 볼 필요가 있다. 이 때 '예외적인'이라는 은유적인 의미를 사용할 수 있는 것이다. 이러한 시각에서 보면 저자는 '위대한 인물의 정열은 평범한 사람들보다 더욱 격렬하고, 과도한 상태로 타고나 균형을 잡을 만큼 강하기 때문에 위대하다'는 것을 증명하려 하였다고 할 수 있다.

아리스토텔레스는 『윤리학』에서도 '예외적인 인간'의 위대한 영혼에 대해 말하고 있는데(아리스토텔레스, 2009:228), 여기서 위대한 영혼이란 바로 철학자의 영혼을 말한다. 철학자가 추구하는 제1원인에 대한 사색은 '특별한perritos' 것으로 정의되었다. 철학자의 사색은 유용한 가치나, 도덕적, 정치적 가치에 대한 지식을 넘어설 뿐 아니라 그것 자체로 존재의 목적인 것이다. 그러므로 멜랑콜리한 인물의 예로서 엠페도클레스와 소크라테스, 플라톤을 제시했을 것이다.

그리고 아리스토텔레스가 『문제 30-1』에서 말한 가장 탁월한 인간은 바로 시인이다. 왜냐하면 혼합이 "너무 과하고 더워서" 타고난 재능을 소유할 가능성이 있는, 영감 받은 이는 바로 시인이기 때문이다. 여기에서 시인이란 희곡 작품을 무대에서 상연하게 하는 극작가를 의미한다. 비극 작품은 운문으로 쓰였으므로 극작가는 곧 시인이기도 했다. 시인들은 각기 다른 개성과 성격을 지닌 인물들을 묘사하므로 시인이란 마치 다른 사람이 된 양 다른 사람을 모방할 수 있는 사람이라고 여겨졌던 것이다. 바로 이점에서 우리는 '모방'과 '재현'의 문제를 만나게 된다. 모방이란 어떤 사람의 행위를 흉내 내고 그대로 재현하는 것을 말한다. 고대 그리스인들에게는 현대적 의미에서의 '창조'의 개념이 없었고, 그들에게 창조성이란 바로 타인에 대한, 자연에 대한 모방을 의미한다. 모방imitation이란 이미지image를, 머릿속의 생각을 거쳐 흉내내고 재현하는 것이기 때문에 상상imagination과 연결된다. 따라서 상상하고 모방하는 것, 즉 창조성이란 본질적으로 다른 존재가 되려는 충동이고, 다른 존재가 되려는 욕망, 그리고 다른 존재가 됨으로써 느끼는 기쁨이라고 할 수 있다. 아리스토텔레스는『시학』에서 다음과 같이 말한다.

> 시학은 자연적으로 타고난 재능 있는 사람에게 속해 있거나, 혹은 광인에게 속한 것이다. 전자는 타고난 능력대로 적응할 수 있으나, 후자는 제 정신이 아니다.(아리스토텔레스, 2002:92)

다시 말해 "다른 존재가 되기 위해서는 두 가지 방법이 있는데, 첫 번째는 본성상 자신을 부정하고 다르게 만들 수 있는 능력을 타고나는 것이다. 두 번째는 미치는 것으로, 다른 말로 하면, 자기 자신으로부터 나오는 것, 즉 딴사람이 되는 것이다"(Pigeaud, 1988:46). 재능 있는 존재는 쉽게 자신을 바꿀 수 있다. 즉 쉽게 모방할 수 있다. 광인은 자신 밖으로 스스로를 투사함으로써 타자가 될 수 있고, 이것도 역시 일종의 모방에 속한다. 아리스토텔레스는『시학』에서 모방 기술자인 시인은 다른 사람의 행동을 흉내 내는 사람이라고 보았다. 이 점에서 멜랑콜리한 사람 중의 가장 탁월한 이는 바로 시인이 된다고 할 수 있다. 그런데 딴사람이 되는 것, 즉 미치는 것은 또한 'ex-stasis 엑스타시'이다. 육체 밖으로 영혼이 날아오르는 것과 같은 상태를 의미한다. 이 말은 의학적 용어가 아니지만 아리스토텔레스는 광기의 한 개념으로 이해한 것으로 보인다(위의 책, 39-40). 따뜻해진 검은 담즙은 밖으로 나오려고 하며, 정신의 혼미라는 상태로써 실현될 수 있고, 혹은 피부를 통해, 혹은 울혈을 통해 나오기도 한다는 것이다. 이렇게 되면 그는 멜랑콜리하게 되고, 질병으로 발전하게 된다. 『문제 30-1』에서 아리스토텔레스는 재능 있는 자와 광인을 구분하지 않고, 더 나아가 두 사람은 모두 멜랑콜리하다고 한다. 하지만 단지 정도의 차이와 능력의 차이가 있을 뿐이다.

결론적으로 말해서 『문제 30-1』에 피력되어 있는 아리스토텔레스의 천재성에 대한 성찰이 가지는 의미는 무엇보다도 특정한 기질과 특정한 비유, 즉, 멜랑콜리와 은유의 관계를 밝혀내려는 독창적인 시도를 한 데에서 찾을 수 있다.[7] 아리스토텔레스는 서로 다른 항들, 즉 'perritos예외적인 사람'이라는 '문학적(비유적) 항'과 'perritoi잉여물'이라는 '의학적 항'을 어원의 유사성을 가지고 연결하면서 논의를 발전시켜, "예외적인 사람은 잉여물의 인간이다", 다시 말해 "탁월한 천재들은 멜랑콜리한 특성을 지녔다"는 결론을 도출해냈다

7) 아리스토텔레스는 『시학』에서 수사법의 하나인 은유의 문제를 자세히 설명하였다.

고 볼 수 있다.

이제까지 멜랑콜리와 천재성을 연결시킨 아리스토텔레스 이론의 성립 요인에 대해 살펴보았다. 고대 그리스 자연철학자들의 원소설과 엠페도클레스의 4원소설을 발전시킨 히포크라테스의 4체액설, 그리고 비극작가들이 부여한 광기와 영웅적 멜랑콜리의 개념, 플라톤의 격정(광기)의 개념 등 여러 가지 요인이 멜랑콜리와 천재성의 논의에 밑바탕이 되었음을 살펴보았다. 요약해서 설명하면 무엇보다도『문제 30-1』이라는 작품의 의미는, "서구 역사에서 플라톤주의와 아리스토텔레스주의가 만나는 접점에 위치한다"(Klibansky,1989:90)는 사실에 있다. "이 작품은 가장 지고한 창조적 천재의 유일한 근거로서 광기를 내세웠다는 점에서 플라톤적이다. 그리고 천재와 광기 사이의 신비로운 관계에 대해 이성적인 과학의 빛을 던져주려 했다는 점에서 아리스토텔레스적이라고 할 수 있는 것이다"(위의 책, 90).

아리스토텔레스의 여러 저서들은 로마 멸망 이후에 서구에서 사라졌으나, 계속 관심을 가지고 있던 이슬람과 히브리 학자들이 중세 초기에 서양에 다시 소개하게 된다.

Ⅱ

헬레니즘 시대 및 고대 로마

아리스토텔레스의『문제 30-1』은 '천재'라는 개념이 나타나기 전에는 진정으로 이해될 수 없었다. 15세기 르네상스 시대가 되어서야 비로소 이 저서의 의미와 가치가 파악되기 시작한다. 그 이전의 고대 작가들이 위대한 인물들은 멜랑콜리하다는 단언을 인용하기는 했지만, 흥분과 우울함 사이에서 동요하는 예외적인 인물들의 비극적인 삶에 대한 동정심은 점점 사라지는 추세였다. 멜랑콜리 체액이란 지나친 감상에 빠져 신체의 균형을 깨트리는 원인으로 인식되고 있었으므로 멜랑콜리를 질병으로 간주하는 경향은 강화되고 있었다.

고대 그리스 시대를 이어받은 헬레니즘 시대는, 그리스 지역을 정복하고 이집트와 페르시아에까지 영토를 확장하여 그리스의 문화를 전파한 알렉산드로스 대왕의 갑작스런 죽음(BC 323)으로부터 시작된다. 알렉산드로스 대왕은 가는 곳마다 도시를 세워 '알렉산드리아'라는 이름을 붙였고, 각 도시마다 '무세이온'이라는 도서관을 세워, 그리스 학문의 보급처 역할을 하게 하였다. 이 시기에는 '코이네κοινή'라는 간략화된 그리스어가 지중해를 둘러싼 유럽, 아시아, 아프리카에 공통으로 사용됨으로써 역사상 최초로 단일 문화권이 형성되었다. 헬레니즘 시대는 고대에서 중세로 넘어가는 과도기라고 할 수 있다. 국가라는 보호막이 사라진 시대에 개인 각자가 어떻게 살아야 하는가가 중요한 관심사로 떠오르면서, 에피쿠로스 학파, 스토아 학파가 철학의 흐름을 주도하게 된다. 에피쿠로스 학파는 개인의 쾌락을 중시한다는 점에서 쾌락주의라고도 불리지만 여기서 쾌락이란 정신의 즐거움(아타락시아), 곧 "마음의 평안함"(에피쿠로스, 1998:14)을 의미한다. 스토아 학파의 철학은 어지러운 세상에서 어떻게 살아야하는지를 묻는 윤리학의 성격이 강했다. 밖에서 밀려오는 온갖 자극에도 흔들리지 않는 마음의 평정 상태를 유지하는 것 역시, 스토아 학파의 목표였다.

그러므로 에피쿠로스 철학과 스토아 철학에서 현자는 결코 광기에 사로잡히면 안 되는 사람이었다. 지혜와 광기는 서로 양립할 수 없는 개념이기 때문이다. 따라서 고대에 멜랑콜리는 의사의 관심사일 뿐 아니라, 철학자가 다루어야할 문제이기도 했다. 철학하는 것은 곧 정신의 건강함을 위한 것이었던 까닭이다. 멜랑콜리의 병리적 개념에 대해서는 철학자들의 윤리적 판단과 의사들의 치료적인 접근법을 구분하여 살펴볼 필요가 있다.

1. 철학

(1) 에피쿠로스 학파

『문제 30-1』이 멜랑콜리의 역사에서 두 번째 기본 문헌이 된다면 세 번째로 중요한 문헌은『데모크리토스의 웃음』이다. 히포크라테스가 쓴 서간문 형식으로 되어 있지만 실제 쓰인 시기는 기원후 1세기경(25년 전후)으로 추정되고 있다. 저자는 밝혀지지 않았으므로 통상 위(僞)-히포크라테스로 통용된다.

기원전 460년경에 태어난 데모크리토스(BC 약 460-380)는 이 세계가 더 이상 쪼개지지 않는 무수히 많은 원자로 이루어져 있다고 주장한 원자론자이다. 그리고 물질뿐 아니라 영혼과 지성도 원자로 되어 있다고 주장했다는 점에서 최초의 유물론자라고 할 수 있다. 그는 유익한 것과 무익한 것의 구별은 즐거움hedone과 괴로움lype에 있다고 생각했다. 즐거움은 많고 괴로움은 적게 생애를 보내는 것이 가장 좋은 일이었다. 그는 즐거움 또는 행복을 영혼이 안정되어 있는 상태로 보았고 인간 삶의 최종 목표라고 보았다. 즐거움을 흔히 쾌락주의로 표현하기도 하지만 여기에서 쾌락은 정신적 즐거움을 의미하며, 한 가지라도 원인을 밝혀내고 싶어 하는 철학자의 일이야 말로 정신적으로 가장 즐거운 일이었다. 이러한 주장 때문에 그는 "항상 웃는 사람(밤바카스, 2012:413)"으로 불리기도 했는데, '데모크라테스의 웃음'이라는 작품의 제목도 이와 연관된 것으로 보인다. 데모크리토스의 철학은 후에 에피쿠로스 학파에 영향을 미쳤다.『데모크리토스의 웃음』을 쓴 사람은 아마도 에피쿠로스 학파의 철학자일지도 모른다. 일단 작품의 내용을 살펴보자.

아테네에 정원 학당을 만들어 제자를 가르쳐 '정원 학파'라고 불리던 에피쿠로스의 철학을 암시하는 듯, 어떤 정원의 플라타너스 나무 아래에서 데모크리토스가 멜랑콜리에 관한 저서를 집필하고 있는 중이다. 그 노인은 동물을 해부하는 데 여념이 없고, 사람들을 조롱하면서 비웃고 있기 때문에, 미쳤음에 틀림없다고 생각한 동네 사람들이 의사인 히포크라테스에게 편지를 보낸다. 증상을 읽어본 히포크라테스는 "그가 주위 사람들이나 일에 아무런 관심을 보이지 않는다고 해서, 그리고 고독 속에서 자기의 일에 몰두하고 있다고 해서 미친 것은 아닙니다"라고 답한다.

> 이러한 일들이 멜랑콜리한 자들에게도 흔히 일어나는 일입니다. 그들은 때로 말이 없고, 고독하고, 외진 장소에 홀로 있습니다. 그들은 다른 사람들에게서 관심을 돌리고 사람들을 낯선 이 보듯 대합니다. 그리고 이것은 학문에 전념하고 있는 사람들에게도 드물지 않게 일어나는 일이며, 지혜를 추구하는 성향이 모든 다른 관심사는 잊어버리도록 합니다. 하인들이 집안에서 시끄럽게 떠들며 소란을 피울 때, 갑자기 안주인이 나타난다면 그들은 두려워 이내 조용해질 것입

> 니다. 인간적 악이라는 하인들, 즉, 영혼의 정념[8]들도 이와 마찬가지입니다. 지혜가 나타나면, 다른 감정들은 노예처럼 물러납니다. 은신처나 조용한 곳을 찾는 사람은 미친 사람들만이 아닙니다. 영혼을 평화롭게 하고자하는 사람들도 다른 이들의 일상사를 경시하게 됩니다. 외부의 근심에 짓눌려있는 정신은 육체의 휴식을 갈망하고, 조용한 곳으로 서둘러 가려하는 것입니다. 이른 아침에 깨어나 진실의 나라를 한 번 둘러보는데, 그 곳에는 아버지도, 어머니도, 하인들도, 재산도, 마음의 동요를 일으킬 만한 것은 하나도 없습니다.(Hersant, 2005:526)

결국 다시 요청을 받은 히포크라테스는 데모크리토스를 찾아간다. 데모크리토스는 두꺼운 옷을 입고 세수도 하지 않고 수염은 덥수룩한 채로, 사람들과 떨어져 혼자 있다. 그는 다가간 히포크라테스에게 자신이 동물을 해부하고 있는 것은 동물을 증오하기 때문이 아니고 검은 담즙의 위치와 성질을 알고 싶어서라고 말한다.

> 왜냐하면 담즙이 많으면 사람들의 정신이 혼란스러워지기 때문이지요. 그것이 모든 사람들에게 자연적으로 존재하는 것은 맞는데, 어떤 사람들에게는 최소한의 양만 있고, 어

8) 정념passion : 감정에 따라 일어나는, 억누르기 어려운 생각. 증오, 애정, 분노, 경이, 욕망 등이 해당된다.

떤 사람들에게는 과도하게 많습니다. 담즙이 지나치면 병자가 됩니다. 그 물질은 때로는 유용하고 때로는 해악을 가져옵니다.(위의 책, 533)

히포크라테스는 그의 말을 듣고, "데모크리토스여, 당신이 옳소, 그리고 현명하게 말하고 있소. 나는 그대가 고요함을 즐기면서 행복을 누리고 있다고 결론짓겠소. 그런데 그러한 고요함이 우리에게는 없다오"라고 한다. 그러자 데모크리토스는 다음과 같이 말하고, 두 사람은 대화를 이어간다.

"그런데 왜, 그대들은 고요함을 즐기지 못한다는 말이오?"

"왜냐하면, 전쟁터가, 가정이, 아이들이, 빚이, 질병이, 죽음이, 노예들이, 결혼이, 그 나머지 것들이 우리에게 모든 여가를 빼앗아가기 때문이오."

그 사람은 조롱하며 웃음을 터뜨리기 시작했다. 그리고는 이내 침묵했다.

그는 말한다. "그대는 내 웃음의 이유를 두 가지로 생각하면 되오. 하나는 선한 것이고, 다른 하나는 악한 것이오. 그러나 나는 단 하나의 대상에 대해 웃고 있는 것이오. 비이성으로 가득하고 올바른 일이라고는 없는 인간에 대해서 말이오. 자기의 계획에는 무지하고 어디든 구덩이 속에서 금과 은을 녹이면서 손에 넣지도 못하고, 조금의 혜택도 받지 못

> 한 채 괴로워하고 있소. 언제나 고군분투하지만 가져보았자 빼앗기기만 할 뿐인 인간들에 대해서 말이오. (...) 태어나면서 인간은 모두 환자일 뿐이오. 음식을 스스로 섭취하지 못하니 도움을 청할 뿐이오. 자라면서는 주제넘고 건방져지고, 성년이 되면 오만해지오. 말년이 되면 자신의 방종이 뿌린 악들을 거둬들이는 가엾은 인간일 뿐이지요.(위의 책, 534)

인간의 어리석음을 비웃고 있는 데모크리토스의 말을 듣고 있던 히포크라테스는 "그대가 인간 본성의 진실을 탐구하여 발견했으며, 오히려 자기의 생각을 고칠 기회를 주었다"고 말한다. 그리고 그는 "데모크리토스가 현자 중의 현자요, 인간들을 현명하게 만들 수 있는 유일한 인물"이라고 결론을 내린다. 따라서 의사는 처방을 할 필요가 없고, 의사보다 철학자가 더 우월하다는 것을 인정하게 된다.

이 책의 저자는 히포크라테스와 데모크리토스의 사상을 잘 알고 있었던 것 같다. 같은 시대에 같은 지방(Abdera)에 살았던 두 의사와 철학자는 이성적인 관찰과 경험을 통해 문제를 해결하려는 탐구정신이 강한 인물로 그려져 있다. 아울러, 멜랑콜리한 데모크리토스의 탁월함을 드러내려한 이 작품의 저자는 아리스토텔레스의 『문제 30-1』도 인지하고 있었던 것으로 추측된다.

(2) 스토아 학파

당시에 유행하던 스토아 학파에서 현명한 사람은 광기에 사로잡히지 않는다고 생각했다. 그러나 현명한 사람이 광인이 될 수는 없지만, 경우에 따라 멜랑콜리나 헛소리에 기인한 망상에 사로잡히는 수도 있다.

1) 키케로

키케로(BC 106-43)는 『투스쿨란의 대화 Tusculanes disputationes』에서 그리스어 멜랑콜리를 'furor'라는 라틴어로 번역했다. 격노, 격정이라는 이 단어는 깊은 분노, 두려움, 고통을 의미하는데, 키케로는 이 단어가 영혼의 발작을 기술할 수 있으므로 검은 담즙의 질병(멜랑콜리)보다 적합한 단어라고 생각했다. "격분하는 광기는 지혜의 결여와 관련된 비정상과 구분하여 현자에게 보여야 하는 병"(Dandery, 2005:51)이 되었다. 아들에게 보내는 편지 형식으로 되어 있는 『의무론』에서도 다음과 같이 말하고 있다.

> 욕심과 공포는 물론 마음의 병인 슬픔과 고통, 그리고 분노와 같은 모든 정신적 혼란 상태에서 벗어나 도덕적으로 확고하고 고귀한 품위를 지키게 하는 마음의 평정과 근심걱정이 없는 마음을 갖도록 해야 할 것이다.(키케로, 2013:59)

이렇게, 마음의 평온함과 반대되는 멜랑콜리라는 단어

와 개념은 스토아 학파에서는 순수한 질병을 의미하게 되었다. 아리스토텔레스의 견해처럼 예외적인 재능에 존재하는 주요 조건이 아니라 질병으로 축소되어, 오히려 예외적인 존재를 위협하는 위험이 된 것이다.

2) 세네카

키케로와 더불어 로마 시대의 위대한 스토아 철학자이면서, 네 명의 로마 황제 치하에서 국정을 맡아보았고, 네로 황제의 스승이었던 세네카(BC 4-AD 65)는 멜랑콜리 대신 'taedium vitae타디움 비타', 즉 '삶에 대한 혐오'라는 단어를 쓰고 검은 담즙이나 멜랑콜리라는 용어를 사용하지 않는다. 삶에 대한 혐오감은 불안정한 영혼의 상태이므로 몰아내야 한다. 세네카는 마음의 동요를 치료할 수 있는 방법을 묻는 친구 세레누스에게 보낸 편지에서, "인간의 영혼이란 실제로 본능상 늘 활동적이고 늘 움직이게 마련"이라고 하면서, 이 "영혼의 유동성이 현재 상태의 적"이라고 한다.

> 자네가 바라는 것은 위대하고 숭고하고 신적인 것이라네, 동요하지 않는다는 것 말일세. 그리스인들은 마음의 확고한 안정을 에우튀미아euthymia라고 부르는데, 이에 관해 데모크리토스는 탁월한 저서를 쓴 바 있네. 나는 평정tranquillitas이라고 부른다네.(...) 그런데 문제는 어떻게 해야 마음이 늘 균일하고 유리한 길을 갈 수 있으며 자기 자신에

게 만족하고 자신의 상태를 즐겁게 바라보되 이러한 즐거움을 중단시키지 않을 것이며, 들뜨지도 의기소침해지지도 않고 차분한 상태에 머물 것이냐 하는 것이겠지.(세네카, 2013:244)

그는 삶에 대한 혐오감, 즉 멜랑콜리에 대처하는 방법으로서 공적생활을 계속하되, 남는 시간에는 조용히 학문에 몰두할 것을 조언한다. 그러면 삶의 모든 권태에서 벗어나게 될 것이라고 하였다. 세네카는 위의 글에서 공적 생활과 사적 생활의 균형을 이야기하고 있는데, 키케로는 국가의 정무로 바쁜 와중에서도 플라톤을 위시한 철학서들을 읽었고, 세네카는 매일 밤 글을 쓰면서 자신의 행위를 성찰하였으니, 그들이야말로 진정한 현자였던 것이다.

2. 의학

(1) 아스클레피아데스

키케로의 친구인 아스클레피아데스Asklepiades(BC 124-40년경)는 비튀니아(지금의 터키 지역) 출신으로 그리스 의학을 로마에 처음으로 전한 사람이라고 한다. 그는 히포크라테스의 체액론에서 검은 담즙과 관련된 질병을 다음 세 가지로 요약했다. ① 열을 동반하면서 갑작스럽게 분출하는 격정furor과 ② 열없이 검은 담즙이 유발하는 슬픔 ③ 완전히 만성적인 형태로 혼돈스런 망상에서 비롯되어 어떤 때는 슬프고 어떤 때는 기쁜 상태를 구분했다. 멜랑콜리는 마지막 두 가지였다(Klibansky, 1989:95). 현대의 기준으로 판단해도 멜랑콜리에 대한 상당히 선명한 분류가 그의 설득력과 통찰력을 보여준다.

정신질환에 대한 인도적 치료의 선구자로 평가되는 아스클레피아데스는 어두운 곳에 감금되어 있는 광인들을 해방시켰고, 약이나 수술보다는 섭식과 심리치료를 통해 멜랑콜리 증상을 치료하려 하였다. 빛 쏘이기, 가벼운 식사, 술의 제한, 마사지, 목욕, 약간의 운동, 불면의 해소, 환경의 변화, 긴 여행, 끔찍한 생각은 무조건 피하기, 기분 전환, 부드러운 훈계, 고정된 생각에 대한 이해를 제안했다. 그리고 무엇보다 좋은 것은 음악이었다. 좀 더 강력한 처방이 있다면 충격요법으로서 채찍질, 식사 및 음주 금지, 성적 쾌락을 통한 인위적 도취도 종용되었다(위의 책, 95-96).

(2) 루푸스

에페소스 출신의 루푸스Rufus는 1세기 후반이나 2세기 초 무렵의 인물로 추정되나 정확한 전기는 알려지지 않는다. 로마의 트라잔Trajan 황제의 주치의이며, 갈레노스Galenos가 병에 대한 가장 탁월한 분석가로 존경한 인물이라고 한다. 그의 저서『멜랑콜리에 대하여』는 소실된 채로 행방을 알지 못하다가, 후에 아랍 학자들에 의해 몇몇 단편들이 번역되어 중세 기독교 사회에 전해졌다. 2세기 중반에 갈레노스가 루푸스의 이론을 정리하고 9세기에 아랍의 위대한 학자들이 그의 이론을 채택함으로써 그의 멜랑콜리에 대한 의학 개념은 1500여 년 동안 서구 사상을 지배했다고도 할 수 있다.

루푸스는 아리스토텔레스의『문제 30-1』의 교훈을 히포크라테스의 견해 속에서 다루고자 했다는 점에서 주목할 만한 인물이다(Dandrey, 2001:113). 그의 이론의 가장 중요한 점은 당시의 의사들이 간과했던 멜랑콜리와 지성의 관계를 재구축했다는 점인데, 지식인은 멜랑콜리의 희생자가 될 잠재적 위험에 노출되어 있다고 보았다. 그는 "학자들의 지성은 매우 섬세하고 집요해서 쉽게 멜랑콜리에 빠진다", "많이 생각하고 많이 괴로워하면 멜랑콜리가 침입한다"(Klibansky, 1989:100)라고 말했다.

> 멜랑콜리 초기의 가시적 증상은 고독한 곳에 홀로 있으려 하고 이유 없이 사람들을 피하려 하는 것이다. 이러한 일은 정신이 건강한 사람들이 어떤 문제를 연구하거나 확실하게 조사해야 할 필요가 있을 때에도 일어난다. 멜랑콜리의 징후는 초기에 알아내야 하고 즉시 치료해야 한다. 초기에는 간호하기에 쉽고 그것이 악화되고 지속되면 어려워지기 때문이다. 멜랑콜리가 이미 자리 잡으면 다음과 같은 징후가 나타난다. 그들은 툭하면 화를 내고, 즐거워하다가 금방 슬

퍼하며, 평소와는 달리 혼자 있으려 하며, 사람들과의 모임을 피한다.(Dandrey 2001:124-125)

그는 멜랑콜리 환자들이 얼굴이 부어오르고 안색이 검어지며, 수많은 욕망으로 고통받는 것을 관찰했다. 그들은 게을러지고 사람들을 싫어하게 되며, 이유 없이 슬프고 때로 지나치게 기뻐한다. 공포와 강박에 빠지고 말을 더듬기도 한다. 그는 히포크라테스와 아리스토텔레스의 이론을 받아들여 병의 원인은 과도한 프네우마pneuma(호흡할 때의 공기와 같은 것으로 생명을 주는 신비한 힘)이거나 검은 담즙의 우세라고 생각했다. 그리고 이 질병은 두 종류가 있는데, 하나는 자연적으로 검은 담즙의 혼합을 타고나는 것이고, 다른 하나는 잘못된 습식으로 인한 체액의 변화라고 하였다.

(3) 갈레노스

서양 의학사에서 가장 오랫동안 강력한 영향력을 행사한 인물인 갈레노스는 로마 시대인 서기 129년 페르가몬(지금의 터키 지역)에서 태어났다. 그는 히포크라테스 의학을 발전시켜, 고대 로마 제국과 중세 아랍과 중세 유럽을 거쳐, 르네상스와 19세기 초까지 권위와 영향력을 행사한 서양 최고의 의사이다.

갈레노스는 좋은 의사는 동시에 철학자여야 한다고 생각했다. 이집트의 알렉산드리아에서 9년 동안 의학을 공부한 갈레노스는 페르가몬으로 돌아와 검투사들을 치료하면서 인체 내부의 신경, 근육, 인대, 내부 장기, 뼈 등을 자세히 관찰할 수 있었다. 이후에는 로마에서 대중들 앞에서 연설하면서 직접 의술을 보여주었고, 스토아 철학자이기도 했던 마르쿠스 아우렐리우스를 비롯한 네 명의 로마 황제의 주치의로 일했다.

갈레노스는 고대의 주요한 사상 세 가지를 유산으로 받아들였다. 첫째는 히포크라테스의 자연주의로서, 신적인 것의 개입 없이 관찰하고, 관찰한 것을 추론하여 체액의 균형을 재확립하려 하였다. 두 번째는 플라톤의 삼분법을 따라, 사고를 지배하는 뇌(불멸의 영혼)와, 본능을 지배하는 간(식물적이고 죽는 영혼), 고상한 감정의 원천이라고 할 수 있는 심장(혼합된 영혼)으로 인간 신체를 구분하였다. 세 번째는 아리스토텔레스의 생물학적인 목적론으로서 영혼은 육체의 형식이고, 건강 속에서 완성을 수행하는 것을 생명체의 목표라고 보았다(Dandrey, 2001:141).

이러한 사상적 토대에 따라 갈레노스는 뇌와, 간, 심장 사이에서 행해지는 혈액의 작용 과정을 질서정연하게 통합하여 당대 의학에 기여했다. 그는 혈액이 음식에서 생성되고 음식을 혈액으로 바꾸는 일은 간에서 이루어진다고 생각하기로 했다. 그리고 간에서 만들어진 혈액은 정맥을 통해 전신의 모든 부분에 퍼져서 영양을 공급한다고 믿었다(벤딕, 2002:82).

갈레노스는 히포크라테스의 4체액설을 의심 없이 신봉했고, 각각의 체액은 특정 내장 기관과 연관되어 있다고 보았다. 그리고 그는 체액으로 질병과 관련된 모든 것을 설명할 수 있으며, 체액들이 반드시 균형을 유지해야 한다고 믿었다. 담즙과 점액은 병에 걸렸을 때 주로 보이므로 이 두 체액은 해로운 체액으로 여겼다. 검은 담즙과 관련해서는 히포크라테스의 이론을 더 발전시켜, 비장이 검은 담즙을 저장하는 기관인데, 검은 담즙이란 간이 혈액을 만들어낼 때 남은 찌꺼기로 이해하고자 했다. 이는 아리스토텔레스가 말한 '잉여물'과 유사한 개념이다.

그리고 검은 담즙을 자연적인 검은 담즙과 연소된 검은 담즙으로 구분했다. 건강한 상태에 있는 자연적인 검은 담즙이란 응고하지 않고(혈액과는 다름), 점액성이 없으며(점액질과 구분됨), 유독성이 없어야 한다(찌꺼기와는 다름). 부패하지 않은 자연 상태의 검은 담즙은 그러므로, 응고되지 않고, 색이 검고, 맛이 쓰고 시며, 강한 산성이다. 그리고 농도가 진하다. 이러한 소위 자연적인 검은 담즙에서 탁월한 정신성이 발휘된다(Dandrey, 2001: 144-145).

그러므로 갈레노스는 연소된 검은 담즙이 질병을 일으킨다고 생각했다. 심장에서 뇌로 가는 동맥은 혈액과 공기, 프네우마로 이루어져 있다고 보았는데, 심장에서 뇌로 보내지는 혈액이 과도하게 덥혀지면 공기와 함께 부패될 수 있고, 공기가 뜨거운 증기로 변할 수 있으며, 내장에서 소화되는 과정에서도 연소될 수 있다.

피가 온도 변화에 의해 공기와 함께 연소된다는 가정에서 논의를 시작하고 있기 때문에, 검은 담즙이 지닌, 온도에 극히 민감한 성질은 쉽게 연소되고 그 과정에서 찌꺼기가 생기고, 부패하게 된다는 결론에 이르게 된다. 검은 담즙이 연소하면, 검은 담즙의 산성을 띤 조직은 신체 기관들을 부식시키고, 과도하게 차갑고 건조한 성질은 기질에 불균형을 가져오고, 과도하게 덥고 건조해진 소화의 찌꺼기는 그을음으로 인해 지나는 길을 막고 날아다녀 뇌를 공격한다고 생각했다. 따라서 갈레노스가 보기에 검은 담즙은 질병으로서 멜랑콜리한 상태를 일으키는 중요한 동인이 되는 것이다. 그는 「병든 장소들」이라는 글에서 다음과 같이 말한다.

> 위장에 들어있는 노란 담즙으로부터 두통이 생기는 것을 매우 자주 본다. 또한 이 두통은 담즙을 토해내면 즉시 사라진다. 이러한 통증 중에서 쓰라리고 쥐어뜯는 듯한 통증도 있고, 답답함, 긴장, 나른함을 동반하는 다른 통증도 있다. 훌륭한 의사라면 이것이 질병이 아니라 위장에서 머리로 퍼진, 간질이라는 데에 동의해야 한다. 멜랑콜리는 언제나 두려움에 사로잡혀 있다. 그러나 상상의 이미지들은 같은 모습으로 나타나는 것은 아니다.(...)
>
> 히포크라테스는 우리에게 두려움과 낙담이 오랫동안 지속되면 멜랑콜리의 질병이라고 가르쳐주었다. (...) 멜랑콜리

한 사람들 사이에는 차이가 있다. 그러나 모두 두려움과 슬픔에 사로잡혀 있고, 삶을 비난하고 사람들을 미워한다. 모든 사람이 죽고 싶어 하는 것은 아니다. 그러나 멜랑콜리의 본질에는 죽음에 대한 두려움이 존재한다. 그들은 죽음을 두려워하고 동시에 죽음을 갈망한다. 이러한 슬픔에 의해 멜랑콜리한 사람들은 눈에 보이는 모든 사람들을 미워하고 계속 슬픔과 공포로 가득한 것처럼 보인다. 마치 아이들과 무지한 사람들이 깊은 어둠 속에서 떨고 있듯이.

마찬가지로 만약 매우 대담하게 타고났거나 훈련을 받은 사람이 아니라면 실제로 외부의 암흑은 거의 모든 사람들에게 공포를 일으킨다. 검은 담즙의 색깔도 마찬가지이다. 암흑이 그러하듯이 어두워지면서 지성의 위치는 두려움을 만들어낸다. 체액은 일반적으로 영혼의 기능에 따라 변한다. 가장 훌륭한 의사들과 철학자들이 이 점에 동의하고 있다. 나는 영혼의 능력이 육체의 기질에 따르고 있음을 밝힌 바 있다. (...) 많은 사람들이 이러한 질병을, 그 체액이 원인이라고 생각하여 그 이름으로 멜랑콜리라고 부른다. 그러므로 첫 증상이 위장에서 호소되고 진전이 멜랑콜리의 질병을 따르고 환자가 배설과 구토, 가스해소, 트림에 의해 증상이 완화되면 우리는 이 경우에 히포콘드리아라고 부른다. 그리고 슬픔과 두려움이 그 증상일 수도 있다.

그러나 멜랑콜리에 고유한 보다 중한 증상이 나타날 때, 위장에서는 그다지 중요한 증상을 보이지 않을 때, 그때는 검은 담즙의 축적에 의한 뇌의 일차 질환을 생각해야 한다. 검은 담즙이 뇌에만 있는지, 신체 전체에 있는지를 구분해야 한다. 내 친구들이 증인이다. 나는 어떤 치료법도 없는 그러한 멜랑콜리를, 여러 번의 목욕, 습기 있는 음식으로 낫게 하였다.

그러나 그 질병이 고질적이면 보다 강력한 치료가 필요하다. 그와 같은 멜랑콜리는 체질에서 비롯되고, 머리에 열이 많아 쉽사리 뜨거워지고 염증 및 간헐성 열에서 비롯된다. 그것 역시 불면증과 함께 불안과 슬픔이 동반된다.(Dandrey, 2001:166-168)

위의 글에서 갈레노스는 뇌의 문제를 체액과 연결시켜 생각하고 있음을 확인할 수 있다. 갈레노스 사후에도 의사들은 여전히 그의 글을 읽고 처방전을 사용했다. 거의 천 5백 년 동안 사람들은 갈레노스가 의학에서 알아야할 모든 것을 다 알아냈다고 믿었다.[9] 그러나 16세기에 영국의 하

9) 가톨릭 교회가 지지한 갈레노스의 이론은 중세에 절대적 권위를 누렸으나 르네상스 시기부터 갈레노스를 비롯한 기존의 의학 이론에 대한 문제 제기가 이어지기 시작한다. 문제를 제기한 최초의 인물은 파라켈수스였고, 체액이 아니라 화학 원리가 모든 자연 현상의 근저에 있다고 보았다. 그는 갈레노스를 더 이상 가르쳐서는 안 된다고 하면서 그의 책들을 공개적으로 불태웠다고 한다. 또 한 사람은 해부학의 창시자가 된 베살리우스인데, 그는 실제로 시체를 해부하면서 갈레노스가 말한 인간 신체 구조에 의문을 제기했다. 16세기에 영국의 윌리엄 하비는 어떤 신비한 힘(프네우마)에 의해 혈액이 혈관 속을 움직인다고 여전히 생각하던 당시 의학계에 도약을 가져 왔다. 심장은 일종의 펌프처럼 수축할 때 혈액을 밖으로 밀어내고 이

비Harvey가 혈액 순환 체계를 발표하면서 갈레노스의 이론은 빛을 잃어버리게 된다. 히포크라테스 이후로 형성되어온 4체질론과 갈레노스가 확립한 4기질론을 정리하면 다음과 같다.

체액	기질	계절	인생주기	원소	특질	방위	색
피	다혈질	봄	유년기	공기	따뜻하고 축축함	남	빨강
노란 담즙	신경질	여름	청년기	불	따뜻하고 건조함	동	노랑
검은 담즙	우울질	가을	장년기	흙	차갑고 건조함	북	검정
점액	점액질	겨울	노년기	물	차갑고 습함	서	하양

완할 때 혈액이 들어오게 한다는 것을 증명하여 근대 의학으로의 길을 열어놓게 된다.

III 중세

갈레노스 이후 서양의학은 뚜렷한 발전이 없었다. 중세 초기에 서유럽에서는 성직자들이 그리스의 원전을 가려 뽑아 편집했고, 유럽 전역에 설립된 수도원에서 의학 교육이 이루어졌으므로 이 시기는 "수도원 의학 시대"(이재담, 2007;19)라고도 불린다. 가톨릭교가 지배하면서, 철학과 과학보다는 신학이 우위를 점하게 된 서유럽에서 멜랑콜리에 대한 연구는 제대로 이루어지지 못했다. 그러나 비잔틴 제국이라고도 불리는 동로마제국에서는 그리스어와 그리스 철학 및 자연철학이 여전히 명맥을 유지할 수 있었다. 비잔틴 제국의 정부는 로마 정부였지만 그들의 언어와 문화, 과학은 그리스를 이어받았기 때문이다.

한편 7세기경부터 일어난 이슬람교는 세력을 확장하면서 백 년 남짓한 시기 동안 서쪽으로는 오늘날의 스페인, 동쪽으로는 오늘날의 아프카니스탄과 인도에 이르는 방대한 영토를 차지하게 된다. 동시에 이집트와 메소포타미아 등 옛 헬레니즘 세계의 대부분이 이슬람교를 믿는 지역이 되었고,

이집트 알렉산드리아에 있던 방대한 도서관의 엄청난 분량의 책들이 이슬람의 손에 들어오게 된다.

762년에 바그다드를 새로이 건설한 알만수르Almansor왕(재위 754-775)은 그리스 과학의 아랍화와 아랍 학자들의 헬레니즘화를 유도하고 장려한다. 이 국가적 사업의 시작은 히포크라테스, 루푸스, 갈레노스, 아리스토텔레스 등 유명한 그리스의 철학자와 의사, 과학자의 저서 번역 작업이었다. 원전의 번역과 더불어 애매한 부분은 아랍의 과학과 지식에 의해 수정되고 재구성되어 9세기말에서 11세기초에 방대한 번역 사업이 완성된다.

이후 12세기부터 스페인을 장악하고 있던 아랍 세력이 물러간 후, 아랍인들이 보존해온 그리스·로마의 문화유산과 아랍 세계의 풍요로운 문헌들이 발견되어 번역되기 시작한다. 고대 그리스로부터 여러 세기에 걸쳐 형성되었던 검은 담즙의 역사는 이제 아랍인들의 해석, 적용, 탐사라는 중개 과정을 거쳐 다시 서양으로 들어가게 된 것이다. 그 동안 어디 있는지도 알지 못하던 고대 그리스의 수많은 저서들을 접하게 된 수도사들은 이를 모두 번역하기로 결정한다. 아랍어로 쓰여진 책들이 히브리어로, 다시 라틴어로 번역되기 시작하고, 중세 이슬람의 책들과 그리스의 고대 저서들이 유럽으로 쏟아져 들어오면서 학문 융성의 토대가 마련된 것이다. 이렇게 발전된 아랍 의학이 유럽으로 거꾸로 수입되는 현상이 나타나던 이 시기를 "아랍 의학의 시대"(이재담, 2007;20)라고 부를 만큼 아랍 의학은 서양 의학에 큰 영향을 끼쳤다.

멜랑콜리는 11세기가 되어서야 중세 기독교 사회에 라틴어 번역으로 소개되었다. 12세기부터는 유럽 전역에 세워지고 있던 대학에서 의학을 가르치게 되고, 볼로냐, 파리, 몽펠리에 대학의 연구 교재는 아랍의 의학서였다.

먼저 멜랑콜리가 중세 서유럽 사회에서 어떻게 인식되고 있었는지를 살펴보자. 그리고 고대 그리스와 헬레니즘 시대의 학문을 도입한 아랍 세계의 학자들이 검은 담즙의 체액인 멜랑콜리를 어떻게 파악하고 있었는지를 알아보자. 아울러 아랍 세계의 수정, 보완을 거쳐 서유럽으로 다시 유입된 아리스토텔레스의 『문제 30-1』에 대해 당시 유럽의 학자들은 어떤 시각으로 바라보고 있었는지를 살펴보기로 하자.

1. 기독교와 아세디아

(1) 사막의 교부들

중세에는 멜랑콜리 대신 '아세디아acedia'라는 명칭이 새로이 나타난다. 아세디아란 그리스어의 '무관심', '슬픔'이라는 뜻을 지닌 아케디아akêdia에서 유래한 단어이다. 4세기 말엽에 인간 사회를 등지고 사막으로 들어가는 수도사들이 생겨났다. 이집트, 시리아의 사막 곳곳에서 거주하는 사람들의 수가 많아지면서 이 은둔수도사들에 관한 소문이 기독교 세계 전체에 알려졌다. '사막의 수도사'라 불리는 안토니우스Antonius(251-356년 추정)는 기독교 수도주의의 창시자로서 젊을 때 광야에 살면서, 괴물 모습을 한 악마의 위협과 미녀 이미지의 유혹에 버티면서 금욕 생활을 했다. 그는 아세디아는 사탄이 만들어 냈다고 생각했다(Prigent, 2005:24). 안토니우스의 전기는 그리스어를 사용하는 지역에서 널리 읽혀졌고, 4세기 중엽 이집트에서 수도생활을 한 에바그리우스Evagrius가 라틴어로 번역했다. 이 저서는 이집트 사막에서의 생활을 다룬 최초의 문헌으로서 수도생활과 성인전 편찬에 막대한 영향을 미쳤다.

영적 대가인 에바그리우스에게서 사사한 장 카시안Jean Cassien은 다년간의 사막 수도생활 후에 유럽으로 건너가 사막의 수도원 영성을 서양의 수도원 영성에 접목시켜 크게 발전시킨다. 카시안은 특히 수도사들이나 교인들의 영성 생활을 방해하는 8가지 악덕을 기술했는데, 그 중 아세디아가 포함되어 있다. 8가지 악덕은 다음과 같다 - ① 탐식 ② 간음 ③ 탐욕 ④ 분노 ⑤ 비애감 ⑥ 아세디아(나태) ⑦ 허영 ⑧ 교만 (위의 책, 25).

사막의 교부들은 악마들이 수도사의 생각 속에 이미지로 나타난다고 여겼다. 이러한 생각은 아리스토텔레스가 말했던, 이미지를 만들어내는 멜랑콜리 기질자의 창조력과 연결될 수 있다. 즉, 기억 속에 보존된 이미지들은 자극을 받으면 상상력을 불러일으키는데, 상상력은 기억의 이미지들에 사로잡힌 사람이 거기에 새로운 이미지들을 덧붙이는 방식으로 창조된다. 고대에서는 멜랑콜리의 상상력이 천재성에 이르는 데 반해, 중세에서는 죄악으로 이끌어갔던 것이다. 에바그리우스의 다음의 글을 보자.

> 정오의 악마라고 불리는 아세디아의 악마는 가장 상대하기 힘든 상대이다. 우선 그것은 태양이 천천히 움직이거나 움직이지 않는 것처럼 만들고, 하루가 50시간인 것처럼 느껴지게 만든다. 그리고 성직자로 하여금 계속해서 창문을 쳐다보게 하고 방 밖으로 뛰어나와, 9시가 지났는지 태양을 바라보게 하고, 형제들이 있는지 여기저기 쳐다보게 한다. 게다가 그것은 수도사가 있는 곳에 대해, 그의 삶 자체에 대해, 노동에 대해 혐오감을 불러일으키고, 아울러 형제들 사이에 자비가 사라졌고 위안을 줄 사람은 아무도 없다는 생각이 들게 만든다. 그날 그 성직자를 슬프게 했던 누군가가 있다면 악마는 그를 이용하여 혐오감을 증폭시킨다.(위의 책, 26-27)

아세디아는 성직자들에게 기도와 성무를 게을리하게 하고, 일반인들로 하여금 노동에 나태하게 만드는 게으름의 악덕이 된 것이다.

한편 갈레노스의 4기질론은 6-7세기 경 동로마제국으로부터 서유럽에 전해졌다. 검은 담즙을 가리키는 'melan(검은)' 속에서 라틴어 'malus(병든, 못된)'라는 어원을 발견하는데(위의 책, 37), 이러한 발견은 멜랑콜리 기질의 부정적 함의를 보여주고 있다. 12세기부터 스콜라 철학자들은 4기질 이론을 재해석하여, 다혈질은 자연의 기질이어서 타락 이전의 기질에서 기인한데 비해, 나머지 세 기질은 원죄 이후의 타락한 형태로 간주하였다. 멜랑콜리를 타락한 기질로 여겼던 힐데가르트 폰 빙엔Hildergarde von Bingen이라는 수녀의 글을 살펴보자.

(2) 힐데가르트 폰 빙엔

중세에 가장 재능 있고 흥미로운 인물 중 하나인 독일의 수녀 힐데가르트 폰 빙엔은 1098년 라인 강 유역의 빙엔에서 태어났다. 어릴 때부터 경험한 이상한 꿈과 환상을 기록하기도 했고, 영적 재능이 뛰어나 수도원장이 되었다. 힐데가르트는 정식으로 의학을 공부한 적이 없지만 그녀의 기록과 책은 중세에서 가장 위대하고 완전한 기록으로 인정받는다(Radden, 2000:80). 힐데가르트는 자신의 모든 치료법이 신에게서 유래한다고 말했다. 그녀는 마비와 고열, 간질 같은 정신적 질병을 치료하기 위해 늘 약초와 식물, 그리고 신에게 의존했다. 힐데가르트 폰 빙엔이 멜랑콜리 체액을 타락과 연결시켰다는 점이 중요한데, 그는 철저히 중세적이고 수도사적인 견해를 보여주고 있다. 병리적인 멜랑콜리와 자연적 멜랑콜리 모두 바람직하지 않은 것으로 판단한다.

아담이 사과를 먹으며 죄를 범한 순간, 멜랑콜리가 그의

> 피 속에서 응고했다. 타락 이전에 아담 육체의 담즙은 수정처럼 빛나고 신이 만들어낸 취향을 가지고 있었다. 마찬가지로 그에게서 멜랑콜리는 새벽빛처럼 빛나면서 신의 작품임을 보여주는 지혜와 완벽성을 그 안에 품고 있었다. 그런데 아담이 신의 명령을 위반하자 순수함의 빛이 동요하고 하늘을 응시하던 그의 눈은 멀고, 그의 담즙은 쓰게 변하고 그의 멜랑콜리는 검게 되었다.(Klibansky, 1989:140-141)

그는 "뱀의 숨결에서 나온 멜랑콜리 기질자의 뇌는 기름이 가득하고 어두운 낯빛을 지니고 있어서, 그들의 눈은 독사처럼 불타오르고, 검고 탁한 피가 가득한 그들의 혈액은 굳고 기름지다(Prigeant, 2005:37)"고 생각했다.

이상에서 살펴본 것과 같이 중세에 멜랑콜리는 상당히 부정적인 평가를 받고 있었다. "멜랑콜리한 자들은 대지처럼 차갑고 메마르고 언제나 씁쓸한 마음을 가지고 있다. 창백하고 마르고 절망하는 듯이 보인다. 그는 고집 세고 욕심이 많고 탐욕스럽다. 또한 불평과 고통과 애도 속에서 산다. 그것은 그의 지병이어서 치료약이 없다. 그는 고독하고 수도사처럼 보이며, 친구도 없이 상상하는 정신을 지니고 있다"(위의 책, 38)고 여겨졌다.

2. 아랍 세계의 그리스 의학 수용과 멜랑콜리

중세의 아랍 문명은 그리스와 헬레니즘의 발달된 학문을 받아들이면서, 의학과 철학 분야에서 걸출한 지식인들을 배출했다. 이자크 이븐 임란Ishâq ibn 'Imrân, 라제스Rhazès, 이븐 시나Ibn Sina와 이븐 루시드Ibn Rushd 등 아랍학자들의 이름은 우리에게 매우 생소하지만 그들은 갈레노스와 히포크라테스, 아리스토텔레스의 의학 이론을 수용, 발전시켜 서양에 전해줌으로써 서양 의학사와 철학사에 기록된 중요한 인물들이다. 그들의 멜랑콜리에 관한 글 중에서 일부를 살펴보자.

(1) 아프리카인 콘스탄티누스

바드다드의 유명한 학자인 이자크 이븐 임란이라는 사람은 북아프리카의 왕궁에 머물다가 왕에 대한 불경죄를 저질렀다는 죄목으로 909년경에 사형 당한다. 그의 여러 저서 중에서『멜랑콜리에 대하여De melancholia』는 후세에 남겨졌는데, 이는 북아프리카의 수도사인 아프리카인 콘스탄티누스Constantinus Africanus 덕분이다. 카르타고에서 태어난 콘스탄티누스는 인도를 여행하고 시리아, 이집트, 에티오피아, 바드다드에 머물면서 그리스어, 아랍어, 라틴어, 시리아어, 페르시아어와 문법을 배우고, 기하학, 대수학, 음악, 천문학, 의학을 공부했다. 그는 처형당한 이자크 이븐 임란의 필사본을 발견하고는 이를 번역하기로 결심하고 이탈리아 남부의 몬테 카시노Monte Cassino 수도원으로 들어간다. 그는 그곳에서 여러 권의 아랍 의학책을 라틴어와 그리스어로 번역하여 후에 서유럽에 알리게 되는데, 이 저서들은 아랍문명과 헬레니즘의 이론이 조화롭게 혼합된 의학의 유산이 되어 근대에까지 서양 의학의 원천이 되었다. 콘스탄티누스가 번역한 이자크의 글, 『멜랑콜리에 대하여』는 갈레노스의 의학을 분명하고 명료하게 서술한 점이 돋보인다.

> 질병으로서 멜랑콜리는 다른 질병들보다 정신을 혼란시킨다. 멜랑콜리 중 하나는 히포콘드리아라고 불리는데 위장의 입구에 자리한다. 다른 종류의 멜랑콜리는 뇌의 물질 속에 있다. 그로부터 유발되는 영혼의 우발적 증상은 두려움과 슬픔인 것 같다. 이 두 가지 사건은 매우 해롭고 영혼을 혼란에 빠뜨린다. (...) 멜랑콜리는 정신 속에서 지배하면서 두려움과 고뇌를 만들어내는 의심이라고 정의되기도 한다. 부분적으로 드러난 멜랑콜리에 대한 정의는 이 질병의 성격을 보여줄 것이다. 실제로 멜랑콜리가 뇌로 올라가 생각의 자리에 다다르면 검은 담즙의 연기가 생각의 빛을 가리고, 생각을 혼란시키고 덮어버려, 통상 이해하던 것과 이해해야할 것을 알지 못하게 한다. 그로부터 의심이 생겨나 일어나지 않을 것을 상상하게 하고, 마음 속에서 생겨난 끔찍한 것들을 두려워하게 한다. 그리고 몸 전체가 이 질병에 시달린다. 왜

> 냐하면 몸은 반드시 영혼을 따라가기 때문이다. 그러므로 불면증, 나쁜 건강상태, 체중감소, 건강했을 때라면 잘 기능했을 자연스런 능력들에 혼란을 가져온다.(Dandery, 2005: 296-297)

이자크는 멜랑콜리의 질병을 검은 담즙에서 기인한, 두려움에 의한 생각, 불안, 정신의 혼란으로 정의하고, 신체적 요소에 의해 조건 지어지는 영혼의 질병으로 보았다. 신체의 문제가 상상력과 이성, 기억에 타격을 가할 수 있고, 불면증, 체중감소, 모든 자연적 기능의 혼란을 유발할 수 있다는 것이다. 다음의 글을 읽어보면 이 아랍 의학자가 그리스 철학과 의학을 얼마나 충실히 소화해내고 있는지 알 수 있다.

> 이 체액은 성마른 흥분에서부터 평화로운 정신 상태로, 무모함에서 소심함으로, 슬픔에서 경쾌함으로 쉼 없이 동요한다. 이러한 조건들은 동물적 영혼(신체를 움직이는 영혼)에게는 의미가 있다. 그러나 이성적인 영혼의 활동이란 까다로운 사고, 기억의 재생, 연구, 깊은 조사, 상상, 사물들의 의미 추구, 그리고 적절하거나 단순한 근심일 수도 있는 예견과 판단 등이다. 그리고 이 모든 조건들은 어느 기간 동안 영혼을 멜랑콜리로 가게 할 수 있다. 성자이거나 경건한 사람들 중 많은 사람들이 깊은 신앙심과 신의 분노에 대한 두려움, 그들의 영혼을 지배하고 사로잡게 된 신에 대한 열렬한 갈망

때문에 멜랑콜리하게 되었다. 그들의 전 영혼과 생각은 오로지 신에게만, 신에 대한 생각에만, 그 전능함과 완벽함의 증거들에만 사로잡혀 있다. 그들은 사랑과 관능에 빠진 사람들처럼 멜랑콜리 속에 빠지는데, 그것은 육체의 기능뿐 아니라 영혼의 기능에도 해롭다, 왜냐하면 육체와 영혼은 서로서로 의존하고 있기 때문이다. 그리고 철학책과 의학책, 논리학책, 숫자의 기원이나 그리스인들이 수리학이라고 불렀던 과학에 대한 책, 그리스인들이 천문학이라고 불렀던 별들의 과학에 대한 책, 아랍인들에게는 선(線)들의 과학이라는 이름을 가진 기하학에 관한 책, 작곡책, 즉, 그리스의 음악이라는 단어와 의미가 같은, 노래와 음조의 과학에 대한 책을 읽는 사람들은 모두 멜랑콜리하게 된다. 이 모든 학문들은 영혼의 산물이다. 왜냐하면 영혼은 그것을 분리하고 탐구하기 때문이다. 이러한 학문에 대해 인식하는 영혼은 타고난다. 갈레노스가 플라톤 철학을 상기하면서 단언하였듯이 이 사람들은 멜랑콜리를 구현하였다. – 알라신만이 아실 것이다 - 그들은 자신의 지성적 약함을 의식하고 이 약함이 야기한 좌절 속에서 멜랑콜리하게 되었다. 그들의 영혼이 병이 든 이유는 피로와 힘의 남용 때문이다. 히포크라테스는『전염병』의 제6권에서 "영혼의 피로는 생각이 활동한 결과이다"라고 하였다. 마찬가지로 육체적 힘의 남용은 심각한 병으로 이끄는데, 그 가장 미약한 것이 피로이고, 정신의 힘의 남용은 심각한 병을 만들어내는데 가장 심한 것이 멜랑콜리이

다.(Klibansky, 1989:145-146)

이자크도 학문에 몰두하는 사람들이 멜랑콜리하게 될 가능성이 있다는 견해를 가지고 있었다. 신학자나 성직자뿐 아니라 학문에 삶을 바치고자 하는 사람들은 이에 대한 열정을 타고 났다고도 할 수 있는데, 정신의 힘을 쏟아 연구에 몰두하게 될 때, 그 힘을 지나치게 많이 사용하면 멜랑콜리하게 된다는 것이다. 정신의 힘을 남용한 결과 영혼이 병든 상태가 멜랑콜리라고 판단했다. 그리스와 로마의 의학을 수용했고, 알라신을 믿는 신앙인으로서 이 아랍 의학자는 멜랑콜리를 죄악으로 간주했던 중세 가톨릭 사제들과는 다른, 그 만의 독특한 태도를 견지하고 있다.

2) 라제스

유럽에 라제스라는 이름으로 알려진 아랍 의사 알라지 Ar-Râzî는 페르시아, 지금의 테헤란 근처에서 태어났다. 신학자이자, 철학자, 자연과학자이자 류트 연주가이기도한 그는 후에 의학을 공부하고 바그다드의 궁정의사가 된다. 그는 아랍어로 평생 2백여 권에 이르는 책을 썼는데, 다음의 글은 『알만수르 왕에게 헌사한 9번째 책』이라는 제목이 붙어있다.

불길한 생각이 분명한 이유도 없이 일어나고 두려움과

> 슬픔이 지배한다면 멜랑콜리가 시작되고 있다는 뜻이다. 이러한 생각들이 일어나, 생각한 것을 말로 표현하고 말과 행동을 결합시킨다면 멜랑콜리가 완성된 것이다. 그러므로 이러한 불길한 생각, 슬픔, 동요가 자주 일어나는 사람은 거기에 사로잡히기 전에 도움을 청해야 한다. 그러한 감정들이 지배하게 되면 치료는 어려워진다. 멜랑콜리가 복부의 팽만과 통증을 동반하고, 안색이 우울해지고, 소화장애가 생기고, 신 토사물을 뱉고, 배설물이 많아지면 귀요정맥(윗 팔뚝 안쪽의 정맥)과 왼손 정맥에서 피를 뽑아야 한다. 피가 검은 것을 확인하면 많은 양을 사혈해야 한다. 그러나 피가 묽고 붉으면 멈추어야 한다. 부드러운 음식을 먹이고, 잠깐 동안 목욕을 하고 휴식을 취하도록 한다.(Dandrey, 2005:330-331)

위의 글에는 갈레노스의 의학에 입각한 체액설과 멜랑콜리에 대한 이론이 선명한 문체 속에 피력되어 있다. 이유없는 슬픔을 멜랑콜리의 원인으로 인식한 고대 그리스의 의학을 계승한 아랍의 의학자 라제스는, 부정적인 기분으로 인해 소화 장애와 같은 신체의 이상이 유발 되면 사혈이 필요함을 밝히고 있다. 사혈은 동서양을 막론하고 시행되는 치료법이었다.

3) 이븐 시나

이븐 시나, 일명 아비센나Avicenna(980-1037) 역시 학문

전반에 정통한, 아랍에서 가장 유명한 과학자였고 "의사의 왕자"(포터, 2010:44)라고 불렸다. 그는 결핵이 전염되는 병이라는 것을 최초로 발견했고, 12-17세기에 걸쳐 유럽 의학의 기본서가 된『카논(의학정전)』을 비롯해 수많은 책을 저술했다.

멜랑콜리에 대해서는 발생 원인을 뇌의 내부와 외부 두 가지로 설명하고, 멜랑콜리의 증상과 치료에 관해 썼다. 그의 서술은 갈레노스의 이론을 정리한 것이다. 그 때까지 멜랑콜리 징후에는 수없이 많은 모순되는 증상과 행동이 있었다. 담즙의 연소에 의해 멜랑콜리가 생긴다면 다른 체액들은 왜 멜랑콜리를 일으키지 않는 것일까? 이븐 시나는 멜랑콜리를 4기질 이론에 적용하여 체계화시킨다. 그는 자연적인 멜랑콜리와 연소에 의한 비자연적인 멜랑콜리를 구분하여, 비자연적인 멜랑콜리는 다시 4가지로 구분했다. 노란 담즙의 연소, 점액의 연소, 피의 연소, 그리고 자연적 검은 담즙(멜랑콜리)의 연소된 찌꺼기가 그것이다. 그에 의하면 병적 멜랑콜리는 다혈질, 신경질, 점액질, 우울질(자연적 멜랑콜리 기질)을 원인으로 하여 체액의 연소에서 비롯된다. 중세 말까지 서양에서는 이븐 시나 주석의 라틴어 번역서를 가지고 공부했고, 이러한 전통은 앞으로 살펴보게 될 르네상스 시대의 피치노, 근대의 로버트 버턴에까지 이어지게 된다.

4) 이븐 루시드

아리스토텔레스의 '주해자'라고 불리면서 중세 유럽 학

문 세계에 강력한 영향을 끼친 이븐 루시드(유럽명-아베로에스 Averroes, 1126-1198)는 이븐 시나의 주해자이기도 했다. 아랍의 지배하에 있던 스페인 코르도바의 명문 집안에서 태어난 이븐 루시드는 신학과 법학에 이어 의학 수업을 받았다. 그는 의술을 공부하면서 아리스토텔레스에도 깊이 빠져들어 30여 년 동안 아리스토텔레스의 거의 모든 저술에 대해 꼼꼼하게 주석을 단 38권의 주해서를 썼다. 그는 아리스토텔레스의 철학을 "인간의 정신이 파악할 수 있는 최선의 진리"(김태호, 2013:119)로 여겼다. 그는 인간과 자연에 대한 신비주의적인 설명을 거부하고, 관찰과 경험을 토대로 논리를 세워간 아리스토텔레스의 이성적 합리성을 높이 평가했던 것이다. 이븐 루시드는『의학 총론』이라는 저서를 남겼는데, 갈레노스와 히포크라테스의 이론 등 고대의 의학 이론을 설명한 것이다.

이븐 루시드는 의학의 일반적 지식은 의사의 능력보다는 철학자의 능력에서 비롯된다는 그때까지의 원칙에 충실하되, 상상, 추론, 기억이라는 능력을 수행하는 뇌의 부위가 따로 나뉘어져 있다고 말했다. 그리고 착란이 체액에서 비롯되었다는 오래 이어져온 생각에 의문을 제기함으로써 뇌의 기능이상을 연구하는 길을 열어놓았다.

> 질병의 원인이 뇌 전체에 걸쳐 있으면, 모든 신체의 기능이 손상된다. 뇌의 특정 부분에 있으면 그 장소에 관계된 능

> 력만이 손상을 입는다. 원인이 뇌의 앞 쪽에 있으면 상상력이 손상되고, 중간에 있으면 이성과 사고가, 뒤쪽에 있으면 기억과 대화가 손상을 입게 된다.(Dandrey, 2005:366)

이 이론은 완전히 새로운 것은 아니고 이미 6세기부터 몇몇 학자들이 전뇌, 중뇌, 소뇌를 구분했다. 물론 그들이 상상력, 이성, 기억과 관련되었다는 점을 말하기는 했지만 멜랑콜리와 뇌의 세포들 사이의 명시적 관계는 이븐 루시드 이전에는 통상적으로 인정받지 못했는데, 이후에는 의학에서 중요성을 차지하게 된다(Klibansky, 1989:155).

> 영혼은 검은 색에 병들지 않는다. 적어도 이성적인 이미지가 상실되지는 않는다. 검은 색이 유발한다고 말해져온 공포를, 영혼은 신체 내부의 감각을 통해 보지는 않기 때문이다. 그리고 영혼이 신체 밖에서 본다고 말하는 것도 부끄러운 일이다. 왜냐하면 영혼은 외부에도 내부에도 거주하고 있지 않기 때문이다.(Dandrey, 2005:370-371)

이미 이 당시에도 의사는 성인도, 마법사도 믿지 않았고 신적 예언을 하는 사람을 병자로 보았지만, 이븐 루시드는 불합리와 미신적 믿음을 과학에서 철저히 분리하려했음을 알 수 있다.

3. 아리스토텔레스의 재해석

고대에 이루어진 멜랑콜리 개념의 변천과정은 세 가지 방향으로 정리할 수 있다. 멜랑콜리를 병으로 간주할 때, 첫 번째 방향은 멜랑콜리 체액(검은 담즙)의 과도한 증가나 비정상적인 변화로 정의된다. 두 번째는 노란 담즙이 연소하면 병이 된다는 견해이다. 세 번째는 멜랑콜리 체질에서 질병이 비롯된다는 것이다. 멜랑콜리 체질은 두 가지로 구분된다. 하나는 아리스토텔레스가『문제 30-1』에서 피력한 위대한 사람의 예외적인 조건이다. 다른 하나는 갈레노스가 말한 4기질 유형 중 우울질을 가리킨다. 우울질은 점점 더 좋지 않은 성향을 대표하게 되어, 무감각한 정신이라든가 매력적이지 않은 표정과 외모를 나타내게 된다.

특히 아리스토텔레스의『문제들』에 표현되어 있는 생각은 그 이후 받아들여지기 어려웠다. 중세에는 개인의 가치가 지성적인 능력보다는 신의 은총을 받은 덕성에 의해 평가되었기 때문이다. 실제로도 아리스토텔레스의 책은 희귀한 책이었으므로 중세 약 1200년 간 '위대한 멜랑콜리'에 대한 생각은 거의 완전히 잊혀 진다. 아리스토텔레스 철학을 신학에 접목한 스콜라 철학이 등장하여 아리스토텔레스가 회복되면서,『문제들』이 서유럽에 다시 소개되었지만,『문제 30-1』은 충분히 이해되지는 못한 것으로 보인다.

중세 후반 유럽에서 아리스토텔레스 철학에 몰입해 있던

유명한 학자들이 나타난다. 영국의 신학자 알렉산더 네캠Alexander Neckham(1157-1217)과 독일의 주교 '위대한 알베르투스Albertus Magnus'(1200-1280), 그리고 파리 주교인 오베르뉴 지방 출신의 기욤Guillaume(1180-1249)은 제각기 아리스토텔레스의『문제 30-1』을 연구했다. 네캠은 중세 영국에서 고대를 부활시키는 데 큰 역할을 한 것으로 알려져 있고, 독일의 알베르투스는 "재능있는 멜랑콜리 기질자는 확고한 신념, 절도있는 정념을 지녀, 작업에 근면하고 대단한 덕성을 소유할 수 있다"(Klibansky, 1989:127)고 말했다. 파리 주교인 기욤은 아랍학자들이 주석을 가한 아리스토텔레스 철학에 강한 영향을 받아『영혼에 대하여』(1230)라는 글을 쓰기도 했다. 멜랑콜리에 관한 기욤의 글을 읽어보자.

> 많은 사람들이 악덕과 죄악의 독기 때문에 직접적인 영감을 받지 못하고 있다는 것은 의심할 나위가 없다. 그러나 체질 때문에 영감을 받지 못하는 사람들도 많다. 실제로 어떤 체질은 영혼을 고사시키고, 고상한 능력에 족쇄를 채우는 경우도 있다. 그것이 바로 위대한 의사인 갈레노스가 점액질의 체질은 영혼의 어떤 능력에도 이롭지 않다고 말했던 이유이다. 그 이유는 점액질은 영혼을 굴절시키고 영혼을 차지하기 때문이다. 또한 그 체액은 숭고하고 신비로운 것들에 대한 이해로부터 영혼을 멀어지게 한다. 이는 마치 물이 가득한 꽃병이 다른 액체를 받아들일 수 없는 것과 같은 이치이

> 고, 글씨로 덮여진 양피지나 판지가 다른 글씨를 받아들이지 못하는 것과 같은 이치이다. 그것은 현자의 말과 일치한다. - "지각없는 사람은 지혜의 말을 받아들이지 않는다. 오로지 자신의 마음에 있는 것만 듣는다"(잠언, 18장 2절) - 이러한 이유로 아리스토텔레스는 탁월한 재능이 있는 모든 사람들은 멜랑콜리하다고 생각했다. 멜랑콜리한 사람들은 다른 체질의 사람들보다 이러한 영감을 더 잘 받을 수 있다고까지 생각했다. 멜랑콜리한 체질은 육체적 쾌락과 세상의 동요에서 벗어나도록 하기 때문이다. 그러나 이러한 성질이 영감과 계시에 접근하는데 유리하기는 하지만, 인간은 삶에서 행위를 통해 성스러움과 순수함을 통합하고, 창조자의 은총을 따라 영감과 계시를 충분히 획득할 수 있다.(위의 책, 132)

위의 글에서 저자는 아리스토텔레스의 견해를 받아들여 멜랑콜리의 체질 및 기질을 위대하다고 보고, 고행과 명상이라는 수도사의 삶에 적합하다고 생각했다. 전형적인 중세적 감각으로 해석한 것이다. 하지만 체질은 명상에 유리한 조건 이상은 아니었다. 본인의 자발적 동의와 신의 은총이 없으면 아무 소용이 없었다. 기욤은 초자연적인 문제에 너무 깊이 빠져 열광하면 위험하다고 생각했으며, 멜랑콜리 기질로부터 병적인 멜랑콜리와 광기로 변화될 가능성이 있음을 경계하고 있다. 아리스토텔레스의 『문제 30-1』의 진정한 부활과 탁월한 이해는 르네상스 시대가 되어야 비로소 가능하게 된다.

Ⅳ
르네상스 : 위대한 멜랑콜리의 부활

르네상스란 좁은 의미에서는 그리스·로마의 고전 문화 부흥을 의미하는 문예 부흥 운동을 지칭하고, 넓은 의미에서는 중세에서 근대로 넘어가는 전환기의 사조를 가리킨다. 특히 문학·예술 분야에서 르네상스는 중세의 전성기와 시기적으로 일치하지만 새로운 바람을 불어넣은 단테나 페트라르카, 보카치오 같은 문학자와 레오나르도 다빈치, 라파엘로, 미켈란젤로 등 수많은 천재 화가와 예술가들이 출현했던 찬란한 문화의 시대였다. 시기적으로는 14세기에서 16세기에 이르는 200년 남짓한 시기를 말한다.

멜랑콜리의 논의에서 이 시대가 중요한 전환점이 되는 이유는 "천재에 대한 근대적 개념"(Klibansky, 1989:389)이 탄생했기 때문이다. 중세에는 불길하게 여겨졌던 멜랑콜리가 처음으로 긍정적인 가치를 지니게 된 시기가 바로 르네상스 시대였다. 미켈란젤로나 라파엘로, 레오나르도 다빈치의 타고난 천재성과 멜랑콜리 성향이 연결되기 시작했다. 그들의 천재성과 멜랑콜리를 지성적 차원으로 끌어올린 것은 멜랑콜리를 감정적인 차원이나 병적 상태로 간주해온 태도와는 완전혀 상반된 일이었다. 하지만 감정적 멜랑콜리와 지성적 멜랑콜리는 결합될 수 있는 바, 감상적 기질에서 비롯된 멜랑콜리의 감정적인 가치는 사색적이고 예술적인 멜랑콜리의 지성적 가치로 인해 풍요로워질 수 있다는 인식이 생겨난 것이다.

당시 사람들이 신에 대한 맹목적인 믿음에서 벗어나게 된 계기는 고대 그리스·로마 문헌의 재발견이었다. 인쇄술의 발달로 책들이 쉽게 보급되기 시작한 것도 고대 문헌의 재발견에 커다란 기여를 했다. 사람들은 비록 옛날 작품이기는 했지만 이성과 합리성의 정신으로 쓰여진 고대의 저서들을 접하면서 이제까지의 맹목적인 신앙을 의심하게 되고, 신과 인간의 관계, 세상과 인간의 관계를 성찰하기 시작한다. 중세에는 거의 잊혔던 플라톤이나 아리스토텔레스, 키케로, 세네카 등을 비롯한 고대의 원전으로 돌아가 사색하는 삶 속에서 르네상스 지식인들은 인간 정신의 지고함을 발견하였다. 물론 중세에도 성찰과 탐구 속에서 삶의 기쁨을 추구했지만 그것은 어디까지나 신에게서 비롯된 기쁨이었다. 중세의 학자는 신앙심을 가지고, 교회에서 부여한 규칙에 따른 삶을 살면서 아세디아의 악덕을 극복해야 했다. 아리스토텔레스가 말한 '관조적인 삶'과 사색적인 삶 그 자체를 목적으로 삼았다는 점에서 르네상스인들은 중세인들과는 달랐다고 할 수 있다.

그런데 이성의 힘을 강조하면 인간의 한계 또한 인식하

게 마련이다. 르네상스인들은 신의 섭리에 대항하여 인간의 독립을 주장하면서도 점성술에 빠져들었다는 점이 특이하다. 새로운 인문주의 의식이 지적 모순의 분위기 속에서 도래했던 것이다. 인간은 우주의 질서 속에서 자신의 위치를 가늠한 동시에, 자신에 대한 긍정과 의심이라는 양극단 사이에서 분열되어 있었다. 근대적 천재의 모델은 이처럼, 이중성의 고통을 경험하면서 비극적이고도 영웅적인 부조화를 반영하는 특징을 지니고 나타났던 것이다.

이 시기의 중요한 인물 중에서 페트라르카Petrarca에 대해 먼저 살펴보고, 멜랑콜리와 천재성을 결합시킨 르네상스의 위대한 학자 피치노Ficino의 작품을 읽어보자. 피치노는 르네상스 시기의 멜랑콜리를 논할 때 가장 중요한 인물이다. 그리고 독일의 인문주의 화가 뒤러Dürer의 판화 작품 <멜랑콜리아 I>을 분석해보기로 하자.

1. 페트라르카

1304년 피렌체 인근 도시에서 태어난 페트라르카는 르네상스 최대의 학자이다. 베르길리우스와 키케로의 라틴어 고전을 접할 수 있는 지적인 집안 분위기에서 자라났다. 가족과 함께 남프랑스의 아비뇽에서 살았고 몽펠리에 대학에서 법학을 공부했으나 고전 문학에 대한 관심을 버릴 수 없었다. 그래서 고전 문학 독서와 글쓰기를 병행할 수 있는 직업으로 성직자의 길을 택하고 그리스·로마의 작품들을 번역한다. 23세 때(1327년), 아비뇽에서 우연히 만난 라우라 Laura를 사랑했지만 유부녀였던 라우라는 페트라르카의 사랑을 거부했다. 결국 마음의 고통 속에서 아름다운 사랑의 시를 씀으로써 정신적인 사랑으로 승화시켰다. 페트라르카는 라틴어가 아니라 이탈리아어로 작품을 썼고, 기독교 신앙을 가진 성직자였음에도 불구하고 고대 문학의 함양을 통해 인간의 덕성을 최고로 실현시킬 수 있다고 생각한 점에서 르네상스인이었다.

그는 『나의 비밀 Secretum』이라는 작품 속에서 멜랑콜리한 기질 때문에 고통받고 있음을 고백한다. 이 작품은 성 아우구스티누스와 페트라르카 자신이 주고받는 대화형식으로 되어있으며, 아우구스티누스의 『고백록』에 대응하는 페트라르카의 고백록이라고 할 수 있다.

아우구스티누스가 "그대는 영혼의 끔찍한 질병인 멜랑콜리 혹은 아세디아를 앓고 있다지?" 라고 묻자, 프란체스코(페트라르카의 이름)는 "고통스러운 슬픔이 밤낮으로 따라다녀 마치 죽은 것과 같고, 눈물과 고통 속에서 쓰디쓴 기쁨을 느낄 지경"이라고 말한다. "과거의 고통에 대한 기억과 다가올 불행에 대한 두려움이 크고, 잔인한 슬픔이 나에게서 태어나고 있는 것을 느끼며", 뿐만 아니라 "인간 조건에 대한 경멸과 증오가 가득하다"고 호소한다.

그러자 아우구스티누스는 질병을 구분하여 조사해보자

고 말하면서 "그대가 말하는 멜랑콜리는 그대와 관계된 모든 것에 대한 혐오"라고 진단한다. 프렌체스코는 운명에 대해 울분을 느끼는데, 운명이란 인간을 뒤흔드는 오만하고 폭력적인 것이라고 말한다. 당시에 수많은 사람들을 속수무책으로 죽음으로 몰고 간 흑사병과, 아비뇽 유수로 인한 교회의 대분열, 라우라와 맺어질 수 없었던 개인적인 괴로움 등이 합해져 운명에 대한 증오로 발전한 듯하다. 원하는 것보다 넘치지 않게 목표를 설정하라는 충고에 프란체스코는, 자신은 검소한 삶을 소망하고 최고의 지위를 바란 적이 없다고 항변한다. 그리고 도시의 번잡함 때문에 공부와 사색에 방해를 받아, 일상이 혐오스럽고 지루하다고 말하자, 아우구스티누스는 "세네카의 『영혼의 평온에 대하여』와 키케로의 『투스쿨란의 대화』를 이미 알지 않느냐?"고 되묻는다. 프란체스코는 익히 알고는 있지만 책을 덮으면 그 생각은 안 하게 된다고 하니, 아우구스티누스는 치료법으로서 "책에서 교훈을 얻으면 기억 속에 새겨놓고, 숙고해야 한다"고 말한다. 영혼의 질병도 육체의 치료와 같아서 뒤늦은 처방은 죽음에 이르게 한다, 영혼의 움직임은 너무도 빨라서 이성이 즉시 제어하지 못하면 영혼과 육체와 인간 전체를 이끌고 간다, 분노가 영혼의 움직임 중에서 가장 빠른데, 영혼을 세 부분으로 나누어 마음을 이성 밑에 위치시킨 것은 타당하다고 말한다. 이성이 영혼의 밑바닥에서 나오는 정념의 격렬한 유입을 막아야 한다는 것이다. 그리고 떠들썩한 상

상력을 제어하여 영혼을 평온하게 유지해야 한다고 충고한다.(Dandrey, 2005:449-463)

위의 작품에서 페트라르카는 성 아우구스티누스의 입을 통해 '운명'이라고 언급할 뿐 신의 섭리라든가, 은총과 같은 종교적 어휘를 사용하지 않는다. 아세디아라는 중세의 단어가 등장하지만 이것은 신에 대한 나태함이나 죄악이 아니라, 영혼의 불안정, 슬픔, 두려움, 혐오감 등의 함의를 지니는 단어로 사용되어 있다. 이 작품에서 아우구스티누스가 등장한 것은 그 생애와 사상의 독특함 때문인 것으로 여겨진다. 북아프리카에서 이교도 아버지와 가톨릭교도인 어머니 사이에서 태어난 아우구스티누스는 젊은 시절에는 마니교 신자였고,[10] 그리스·라틴 문학을 좋아하여 수사학 교사로 일했던 경력이 있다. 여러 여인들과 방탕한 생활을 하면서도 플로티노스Plotinos의 신플라톤 철학에 매료되어 있던 중 성서의 한 구절을 본 후 돌연 기독교로 개종한다. 그는 성직자가 되어 플라톤 철학과 기독교를 결합하여 기독교 신학을 완성한 위대한 업적을 세웠으나, 그리스·로마의 철학과 문학을 여전히 애호하였다. 페트라르카는 아우구스티누스의 자유롭고도 폭넓은 사유와 기질을 이해하고 사랑하였고, 기독교 일색의 사상에서 벗어나 고대 그리스와 로마의 개성 있는 인

10) 마니교는 선과 악의 이원적 대립을 강조한 조로아스터교에 기반을 두면서도, 기독교 이단파인 그노시스, 유대교, 불교의 모든 요소를 가미시킨 혼합종교이다. 이 종교를 창시한 사람이 마니Mani(AD 215-276)이다.

간상에 관심을 가지면서 탐구하려한 것이다. 『나의 비밀』에 나타나 있는 기독교와 스토아 철학의 대담한 결합은 신에게 봉사하던 중세적 인간에서 탈피하여 개인의 이성과 정신, 영혼에 중요성을 부여하면서 르네상스의 새로운 길을 열게 되었다.

2. 피치노

아리스토텔레스가 『문제 30-1』에서 피력한 위대한 멜랑콜리의 개념을 르네상스 시기에 새롭게 부각시킨 인물은 마르실리오 피치노(1433-1499)이다. 15세기부터 3백여 년 동안 이탈리아 르네상스를 이끌었던 메디치 가문의 코시모 데 메디치Cosimo de Medici의 후원 하에 피렌체의 플라톤 아카데미를 이끌어간 대(大)학자가 바로 피치노이다.

코시모 데 메디치의 주치의였던 피치노의 아버지는 영민한 아들에게 갈레노스 의학을 가르치고 그리스어와 철학 공부를 시킨다. 피치노는 피렌체 대학에서 의학과 아리스토텔레스 철학을 배우고, 피렌체의 병원에서 근무하기도 한다. 26세에 코시모 데 메디치에게 발탁된 피치노는 카레지라는 곳의 아카데미에서 평생 독신으로 살며 연구에 몰두하였다. 그는 유럽에서 최초로 플라톤의 『대화편』을 라틴어로 번역했고, 플라톤 철학과 기독교 신학을 접목한 18권에 이르는 방대한 『플라톤 신학』을 집필했다.

피치노가 멜랑콜리에 관해 깊은 관심을 가졌던 이유는 무엇보다도 본인의 개인적 문제에서 비롯되었다. 페트라르카처럼 그 자신도 멜랑콜리한 기질의 소유자였기 때문이다. 또한 점성술에 대한 믿음과 해박한 지식이 있어서, 토성을 불길한 별로, 멜랑콜리를 불행을 가져다주는 운명적 기질로 믿고 있었다. 그는 내성적인 성격을 타고 났는데, 태어난 때를 따져보니 토성이 막강한 기운을 행사하는 별자리였다고 한다. 피치노는 당시의 의학과 점성술 이론에 깊이 경도되어 있었고, 멜랑콜리한 기질과 토성의 해악에 대한 고통스러운 결과를 직접 체험하고 있었던 듯하다.

그는, 친구인 학자 카발칸티Cavalcanti에게 보낸 편지에서, "요즈음 나는 원하는 것이 무엇인지 모르겠네. 할 줄 아는 것은 하기 싫고, 할 줄 모르는 것은 하고 싶어지네"라고 불안정한 심리상태를 호소한다. 토성의 악한 영향을 받는 자신에게는 목성의 안정성이 결여되어 있다고 말한다. 그의 친구는 "토성이 무엇인지 이해하고 30년 동안 별들을 연구해온 그대의 지성과 천재성이 어떤 상황에서 비롯되는지를 알려 달라"고 말하면서, "다른 별들보다 우월한 토성처럼 다른 사람들보다 탁월한 그대가 더 이상 토성에 대해 불평할 필요 없이, 토성의 개영시(改詠詩)를 노래해 달라"(Klibanskty,1989:408-411)고 부탁한다. 이에 대한 답장으로 피치노는 다음과 같은 편지를 쓴다.

> 내가 너무도 걱정하고 있는 병에 대해, 자네가 가끔 비난하는 것은 사실이지. 난 그 멜랑콜리 기질을 원망하고 있네. 그것은 가장 씁쓸한 기질이라네. 시타르[11]에 자주 도움을 청하면 어느 정도는 그 기질이 조용해지고 부드러워지기는 한다네. 토성은 처음부터 나에게 새겨져 있었던 듯하네. (...) 자네는 토성에 대해서 새로운 개영시를 지으라고 말했네. 그러니 무엇을 할까? 확실히 어떤 핑곗거리를 찾아낼 것이네. 그리고 멜랑콜리 기질이 토성에서 나오지 않는다는 것을 말할 작정이네. 만약, 그 기질이 토성에서 나온다는 것을 피할 수 없다면, 이 성격이 예외적이고 신적인 재능이라고 말한 아리스토텔레스에게 동의할 것이네.(위의 책, 415)

이 편지를 쓴 지 얼마 후에 『인생에 관한 세 권의 책 De Vita』이 출판되었다. 피치노는 멜랑콜리 기질이 토성에서 비롯된다는 사실을 인정할 수밖에 없었으나, 동시에 멜랑콜리를 신의 선물로 간주하게 된다.

(1) 『인생에 관한 세 권의 책』

피치노는 60세경에 쓴 『인생에 관한 세 권의 책』에서, 멜랑콜리한 천재라는 개념에 자신의 독특한 견해를 덧붙였다. 그의 이름을 유럽에 알린 이 책의 대부분은 멜랑콜리 기질과

11) 네 줄로 되어 있고, 자루가 좁다랗고 길며 울림통이 작은 옛 페르시아의 기타.

토성의 영향이 수반되는 상황에서 어떻게 잘 살아갈 것인가에 할애되어 있다.

먼저, <첫 번째 책>은『플라톤 신학』의 집필을 막 끝냈을 시기에 쓴 것으로 학자들이 겪게 되는 건강의 위험에 대해 충고하는 글이다. 그 다음에 <세 번째 책>이 쓰여 졌는데, 신플라톤주의자인 플로티노스의『엔네아데스 Enneades』를 번역하면서 점성술에 관심을 가져, 별들의 운행을 통해 하늘이 알려주는 언어를 습득함으로써 '하늘로부터 혜택을 끌어오는 방법'을 말하고 있다. <두 번째 책>은 학자들이 나이에 관계없이 젊음의 활력을 유지하면서 지성의 힘을 보유하는 방법을 알려주고 있다.

이 글 중에서 <첫 번째 책>이 멜랑콜리에 대해 집중적으로 설명하고 있으므로 이에 대해 언급하기로 하자. 먼저 책의 서론 부분을 살펴보자.

> 나의 아버지는 두 분이다. 한 분은 의사인 피치노이고, 다른 한 분은 코시모 데 메디치이다. 의사 아버지는 나에게 갈레노스 의학과 플라톤 철학을 소개했고, 또 다른 아버지는 신과 같은 플라톤에 입문하게 했다. 어쨌든 두 사람은 나를 의학에 전념하게 했는데, 왜냐하면 갈레노스는 육체의 의사이고, 플라톤은 영혼의 의사이기 때문이다. 그러므로 오랫동안 플라톤의 모든 작품을 번역하면서 영혼의 의학적 구원을 실현했고, 내 힘닿는 대로 아버지이신 코시모 데 메디치를

> 기쁘게 해 드리기 위해 영혼의 불멸성과 영원한 지복에 관한 18권의 작품을 무작정 썼다. 이제는 나의 의사 아버지를 기쁘게 해 드려야 할 차례여서, 학자들의 건강을 유지하는 방법에 관한 책을 썼다. 학자들은 건강해야 할 필요를 갈망할 뿐 아니라 길고 건강한 인생을 누리고 싶어 한다. 그래서 그들에게 오랫동안 살 수 있는 방법에 관한 책을 써주었다. 그러나 지상의 치료법과 의약의 여러 결과들을 다 사용하고도 기력이 약할 때에는, 긴 인생 뿐 아니라 건강과 강한 생명력을 하늘로부터 얻을 수 있는 방법을 가르쳐주는 책을 추가하였다.(Ficino, vol. I, 1989:103-105)

위의 글은 피치노의 작품과 인생 전체를 요약하고 책의 목적과 의미도 밝히고 있다. 멜랑콜리를 학자들의 기질 및 연구와 연관 짓고 있는 이 책의 내용을 살펴보고, 아리스토텔레스의 멜랑콜리의 위대성을 피치노가 어떻게 다시 취하고 있는지 살펴보기로 하자.

(2) 학자와 멜랑콜리

피치노는 '정신이란 혈액이 지닌 증기(蒸氣)이며, 혈액이 심장에서 만들어진 후 뇌로 올라가 영혼에 의해 소비된다'는 갈레노스의 이론을 따르면서, 혈액이 정신을 지탱한다고 생각했다. 학자들은 정신의 힘과 심장, 위장, 간장을 잘 돌보아야 한다. 그리고 점액질과 검은 담즙을 조심스럽게 피해야 한다. 왜냐하면 갈레노스 의학에서 멜랑콜리를 유발하는 것은 점액질과 검은 담즙이기 때문이며, 학자들은 뇌와 마음에서 바쁘고, 신체의 나머지 부분은 비활동적이기 때문이다(위의 책, 113).

피치노는 학자들이 멜랑콜리해지는 이유를 세 가지 단계로 설명한다. 첫째는 천상적인 것, 두 번째는 자연적인 것, 세 번째는 인간적인 것이다. 천상적인 단계에서는 수성(헤르메스)과 토성(사투르누스)의 영향을 받는다. 수성은 학자로 하여금 이론을 탐색하게 하고, 토성은 이론의 탐색을 꾸준히 유지시키고 기억력을 준다고 한다. 학자들은 태어나면서부터 수성과 토성으로부터 위의 자질들을 부여받는다(위의 책, 113).

자연적인 단계에서는, 학자들이 과학과 어려운 이론을 공부할 때, 중심을 유지하고 집중해야 할 때 멜랑콜리해지기 쉽다고 한다. 플라톤의 우주론에 따라, 구(球)의 형태를 취하고 있는 우주의 중심에 지구가 있다고 생각했기 때문에, 중심을 향해 집중하는 것은 지구 자체의 속성으로 여겨졌다. 그리고 지구의 속성과 검은 담즙이 유사하다고 보았기 때문에, 검은 담즙이 인간의 영혼으로 하여금 중심에 머물고, 자신 내면을 탐사하는 힘을 부여한다고 보았다. 사색에 집중하는 것과, 농축되는 검은 담즙의 속성을 접목시켰던 것이다. 마지막으로 인간적인 단계는 학자들 자신으로부터 유발된다. 학자들은 정신의 잦은 동요로 인해 두뇌가 메마르게 되고 습기가 꺼져버리면 동시에 열기도 식게 된다고 한다. 이는 땅과 멜랑콜리의 속성과 유사하다. 그런데 위의 세 가지 이유 중에서 인간적인 이유가 보다 설득력 있게 들린다.

> …결국, 신체적 운동이 부족하면 여분의 것들이 운반되지 않고, 탁하고 짙고 더러운 혈액이 배출되지 못한다. 이러한 모든 것들이 멜랑콜리한 정신을 만들고 영혼을 슬프고 두렵게 한다. 왜냐하면 정말로 외부보다 내부의 어둠이 영혼을 슬픔으로 채우고 두렵게 하기 때문이다. 그러나 모든 학자들 중에서 검은 담즙으로 억압받고 있는 사람들, 특히 철학 연구에 근면하게 몰두하고 있는 사람들은 그들의 정신을 육체와 물질적인 것들로부터 소생시켜, 비물질적인 것에 적응시켜야 한다. 그 원인은 첫째로, 일이 어려울수록 정신의 집중이 더 많이 요구되기 때문이다. 둘째로는 학자들이 정신을 비물질적인 진리에 적응시킬수록, 육체로부터 정신을 더 잘 분리시킬 수 있다. 그러므로 그들의 육체는 마치 반만 살아 있는 것 같고 멜랑콜리하게 된다. 플라톤은 『티마이오스』에서 이것을 말한 바 있다.(위의 책, 115)

우주의 속성과 인간의 특성을 일치시키고자 노력한 고대인들은, 인간의 머리는 우주의 원운동과 우주의 지성을 모방하여 둥글게 창조되었으며, 이성을 가지고서 지성과 지혜를 탐구하게끔 되어 있다고 생각했다. 이렇게 불사의 것들과 신적인 것들을 탐구하는 사람들은 신들로부터 철학을 선물로 받은 극소수의 사람들이어서 부족함을 느끼지 않고 남달리 행복하다. 플라톤에 의하면, 인간 신체의 장기(臟器) 중에서 간은 표면이 매끄러운 속성을 지닌 까닭에 지성에서 전달되는 힘을 반사하는 역할을 하고 있었다. 따라서 간에 질병이 생기는 것을 신성한 질병, 즉 간질이라고 보았던 것이다(플라톤, 2011:199-252 참조). 검은 담즙은 바로 간과 관계있는 질병이기도 했다. 그리스로부터 르네상스에 이르기까지 정신에 생긴 질병을 멜랑콜리라고 일컬었음은 이제까지 우리가 살펴본 바이다. 피치노는 플라톤 철학의 우주론을 다시 취하면서 점성술을 받아들이고, 아울러 아리스토텔레스의 멜랑콜리 개념을 수용한다.

(3) 아리스토텔레스의 수용과 확장

피치노는 특히 멜랑콜리에 관해 이야기할 때, 아리스토텔레스의 견해를 따르고 있다.

> 아리스토텔레스는 『문제들』에서 확인하기를, 모든 능력에서 탁월한 이들은 모두 멜랑콜리하다고 했다. 그는 플라톤의 주장을 『과학에 대하여De scientia』에서 피력했고 가장 똑똑한 사람들은 흥분과 광기에 빠지기 쉽다고 했다. 데모크리토스 역시 어떤 광기에 깊이 사로잡히지 않고는 탁월한 지성을 가질 수 없다고 했다. 플라톤은 『파이드로스』에서 이것에

> 동의한 듯하고, 광기 없이 시(詩)의 문을 두드려봐야 헛일이라고 했다. 여기에서 이해되는 것이 신적인 광기를 의미한다고 해도, 의사들의 말에 의하면, 이런 종류의 광기는 멜랑콜리한 사람 이외에 그 누구에게도 유발될 수 없다고 한다.
>
> 이제, 데모크리토스와 플라톤, 아리스토텔레스가, 수많은 멜랑콜리한 자들은, 인간적인 부분이 아니라 신적인 부분인 지성적인 면에서 모든 이들보다 그토록 탁월하다고 주장한 이유들을 검토해야 한다. 데모크리토스, 플라톤, 아리스토텔레스는 그것을 주저없이 주장했으나 그렇게 중요한 사실에 대해서는 충분한 설명을 하지 않은 것 같다. 그러나 우리는 용기를 가져야한다. 이유를 찾는 작업에 신이 길을 보여주실 것이다.(Ficino, vol. I, 1989:117)

피치노가 위의 글에서 단정적으로 "수많은 멜랑콜리한 자들은, 인간적인 부분이 아니라 지성적인 면에서 모든 이들보다 그토록 탁월하다"고 말한 부분을 살펴보면, '모든 예외적인 사람들은 멜랑콜리하다'라는 아리스토텔레스의 주장이 '멜랑콜리한 사람들은 예외적이다'라는 주장으로 뒤바뀌어 있음을 알게 된다. 그리고 피치노는 멜랑콜리한 사람들이 특히 지성적인 면에서 다른 사람들보다 탁월한 이유를 밝혀내고 싶어 한다.

그 이유는 바로 자연적인 검은 담즙 때문이다. 그는 먼저 자연적인 검은 담즙과 연소에 의한 검은 담즙을 구분하고,

천재성과 관계된 것은 소위 자연적인 검은 담즙이라고 주장한다. 예전에 아리스토텔레스는 예외적인 사람의 행동은 자연적인 검은 담즙에서 비롯되었다고 했었다. 즉, 예외적인 사람들은 멜랑콜리를 선천적으로 타고 나는 것이다. 그런데 그 이후 갈레노스는 자연적인 검은 담즙과 연소에 의한 검은 담즙을 구분한 뒤, 예외적인 사람의 멜랑콜리란 연소에 의한 검은 담즙에서 비롯된 것이라고 생각했다. 하지만 피치노는 시간의 흐름을 거슬러 올라가 천재성과 관계있는 체액은 소위 자연적인 검은 담즙이라는 아리스토텔레스의 주장을 다시 취하고 있다.

> 연소로부터 생긴 어떤 멜랑콜리도 지혜와 판단에 해를 끼친다. 왜냐하면 그 체액이 연소될 때, 그것은 사람들을 흥분시키기 때문이다. 그러한 멜랑콜리를 그리스인들은 마니아mania 또는 광기라고 불렀다. 그러나 그것이 꺼짐과 동시에, 가장 섬세하고 깨끗한 부분이 분산되면, 오염되고 검은 검댕이만 남아, 사람들을 둔감하고 바보처럼 만든다. 사람들은 그것을 멜랑콜리한 성향이라고 부르고, 기지가 없거나 무감동하다고 말한다.(위의 책, 117)

그는 "우리가 자연적이라고 부르는 검은 담즙만이 그러므로 우리를 판단과 지혜로 이끌어간다"고 결론을 내린다. 피치노는 플라톤 철학에 심취되어 있었지만 당시의 철학조

류는 신플라톤주의로서, 플라톤과 아리스토텔레스의 철학을 종합한 것이었다. 또한 그는 자신이 토성의 별에서 태어난 멜랑콜리한 인간임을 자각하고, 스스로를 의식하면서 이 글을 썼다고 하겠다.

(4) 사투르누스 별자리와 멜랑콜리

사투르누스와 멜랑콜리를 점성술의 관점에서 관련지은 사람들은 9세기 아랍의 점성술사이다. 점성술은 바빌로니아에서 특히 발달했는데, 고대 그리스에는 점성술과 관련된 고유한 전통은 없었다. 헬레니즘 시대에 이집트의 알렉산드리아에 모여든 여러 지역 출신의 학자들이 그리스어를 공용어로 사용하면서, 서로 다른 지역에서 발전하고 있었던 점성술이 정보의 공유 덕분에 빠르게 통합되었다(박승렬, 2012:19).

헬레니즘 시대부터 행성들은 좋은 별들과 나쁜 별들로 나뉜다. 목성(주피터)과 금성(비너스)은 선하고, 수성(헤르메스)은 중립적이며, 화성(마르스)과 토성(사투르누스)은 나쁘다. 점성술은 불길한 토성의 복잡한 성격을 밝혀줌으로써 멜랑콜리를 토성에 예속시키는데 커다란 영향을 미친다.

그러나 헬레니즘 점성학은 로마 제국이 기독교를 국교로 지정하면서 제동이 걸려 5세기쯤 서로마 제국이 멸망할 무렵에는 쇠퇴기에 접어든다. 이로부터 12세기까지 서유럽에서는 한동안 점성학의 흔적을 찾아보기 힘들게 된다. 유럽에서 사실상 맥락이 끊겨있던 시기에 점성학은 아랍 지역에서 꽃을 피운다. 당시에 그리스 사상을 전부 번역하고 재해석하던 아랍 학자들은 9세기 경 멜랑콜리의 담즙의 색깔과 사투르누스 행성 색깔의 유사성을 찾아냈던 것이다. 이때 다혈질과 목성, 신경질과 화성, 점액질과 달이 연결되었다. 그리고 토성은 우울질과 결합된다. 결국 점성술사들은 토성의 영향 하에서 검은 담즙이 발현한다고 생각했다.

우리는 앞에서 중세 시대에 아랍 문화가 서유럽으로 유입되는 과정을 살펴보았는데, 재유입되던 고대 서양 문헌 가운데에는 멜랑콜리와 사투르누스에 관한 점성학 문헌들도 포함되어 있었다. 그렇다면 우리에게 사투르누스라는 그다지 친숙하지 않은 별(토성)과 멜랑콜리가 어떻게 연관되어 왔는지 살펴보자.

사투르누스는 그리스의 신 크로노스의 로마식 이름이다. 그리스 신화에서 크로노스는 제우스의 아버지이고 우라노스(하늘)의 아들이다. 크로노스는 아버지 우라노스를 낫으로 거세해 왕좌에서 몰아내고는 자신도 왕좌를 빼앗길까 두려워 아내 레아가 자식을 낳는 즉시 삼켜버린다. 끔찍한 식인 행위를 모면한 막내아들 제우스는 아버지에게 구토제를 먹여 뱃속에 있던 형제, 자매들을 토하게 하고 아버지와 전쟁을 벌여 승리한다. 패배한 크로노스는 지하 세계인 타르타로스에 갇히게 된다. 후에 로마 제국은 그리스 세계를 접수하고 그리스의 신화를 받아들여 로마식 이름으로 변형시킨다. 크로노스의 로마 이름이 바로 사투르누스인 것이다.

로마의 사투르누스는 원래 농업의 신으로 풍요와 수확을 관장하는 선한 신이었다고 한다. 크로노스 신화의 에피소드와 사투르누스의 로마식 의미가 뒤섞이면서 로마 시대부터 사투르누스의 여러 가지 의미들이 나타난다. 3세기에는 크로노스-사투르누스의 다의적인 의미가 대체로 완성되었다.

> 독신, 아이 없음, 홀아비-홀어미, 신생아의 유기, 폭력, 숨겨진 원한 등과 사투르누스를 연결하는 것은 그리스 신화에서 크로노스의 가족사를 특징짓는 불행한 경험 때문이다. 슬퍼하는 사람들, 불안한 사람, 대우받지 못하는 사람, 거지들, 노예, 속박상태, 지하생활 등과 사투르누스 사이의 연관성은 신성의 폐위, 타르타로스의 유배에 근원이 있다. 사투르누스에 부여하는 권위, 보호, 영광, 높은 가문 출신 등의 속성들은 신들 중의 왕이자 세계의 지배자인 그의 본래적 위치에서 비롯된 것이다. 만일 그가 흙과 나무와 돌과 경작과 농작일의 수호자라면 그것은 이탈리아의 사투르누스, 즉 수확의 신을 특징짓는 자질들 때문이다.
>
> 또한 만일 그가 여행자들의 수호자라면 그것은 라티움을 향한 길고도 험난한 도피 때문이다. 게다가 논물, 축축한 대상들과 작업하는 사람들, 손해, 추위와 습기로 야기된 질병들, 방광염, 익사, 선(腺) 등이 이 천체(토성)에 좌우된다는

> 것은 크로노스를 바다와 강들의 신으로 삼았던 피타고라스 파와 오르페우스 파의 해석에서 그 근원을 찾을 수 있다.
>
> 또한 이 별의 느린 운행으로부터 이 영향 아래에 태어난 사람들에게 나태 혹은 무기력이라는 특징을 부여하였다. 그리고 납의 주인으로 간주할 수 있었다. 이 별과 연관되어 있던 차가움의 속성은 습기가 많으면 악화되는 류머티즘 및 수종과 같은 질병에 연결되기도 했던 것이다. (Klibansky, 1989:220-221)

이제 사투르누스의 모순적인 특성들이 어떻게 생겨나게 되었는지 알게 되었다. 점성술에서는 사투르누스의 아이들은 인간 중 가장 불행한 운명을 지녔다고 간주되었다. 일곱 행성들에 인간의 일곱 시대가 배치될 때, 사투르누스는 최후의 가장 슬픈 단계 - 노쇠, 고독, 신체와 정신의 쇠약, 절망 등 - 를 부여받았다.

그렇지만 사투르누스가 부귀와 영화를 의미할 뿐 아니라 일생동안 행복하고 사교적인 사람들도 만들어낸다고 주장되기도 했다. 어떤 별자리에서 사투르누스는 의사와 기하학자를 만들어내며, 비밀스런 책에서 예언을 읽어내고 수많은 신비의 비교 의식을 알고 있는 자를 만들어낸다고도 한다(위의 책, 229).

그런데 피치노 시대에 영향을 주었던 신플라톤주의에서는 지고의 '단일성'이 내려와서 다양한 사물들에게로 터져,

가치를 치는 정도에 따라 여러 현상들이 수직적으로 배열된다. 신성이라고도 할 수 있을, 지고의 단일성이 천상과 지상의 현상들에 영향을 미치고 있으므로, 어떤 별 하나가 근본적으로 좋은 영향을 끼치거나 좋지 않은 영향을 끼칠 수는 없다. 그리고 가장 미약한 별이라도 물질세계보다는 신적인 세계와 보다 더 가깝다고 여겨졌다. 그래서 형이상학적 원칙의 위계서열(만들어준 존재가 만들어진 대상에 대해서 우선권을 가진다는 플라톤의 이론)이 위상학적 사고(공간에서, 보다 높이 있는 위치가 보다 높은 형이상학적 가치를 지닌다는 이론)의 아리스토텔레스의 원칙과 만나게 되었다.(위의 책, 232-235 참조)

그러므로 신플라톤 철학에서 크로노스는 가장 영광스러운 이미지를 획득했다. 제우스(주피터-목성)는 영혼을 대표하고, 크로노스(사투르누스-토성)는 정신, 혹은 지성(누스)을 상징했다. 사투르누스가 자기 자식을 삼켰다는 신화는, 정신이 영혼을 낳았고 자식을 자신 안에 가두고 있다는 기호로 해석될 수 있었다.

이렇게 신플라톤주의에서는 별들의 힘과 인간 개인의 신체적, 정신적 능력을 결합시키고, 인간이 향유하는 가장 지고한 능력(이성적이고 사색적인 사고)을 사투르누스에게 부여했던 것이다. 결국, 피치노는 그 자신이 사투르누스와 멜랑콜리의 기호 아래에 있다고 스스로 인식했다. 하지만 그는 또한, 사투르누스와 멜랑콜리의 고전적 개념에 새롭게 지적인 가치를 부여했다. 르네상스의 인문주의는 사투르누스와 멜랑콜리 기질자에게서 모순성과 양극성을 발견했고, 아리스토텔레스의 탁월한 직관 즉, '모든 위대한 사람은 멜랑콜리하다'는 독트린을 새롭게 재탄생시키게 되었다고 할 수 있다.

3. 뒤러

뉘른베르크의 금세공사의 아들로 태어난 알브레히트 뒤러(1471-1528)는 르네상스의 대표적 화가이며 동판화와 회화에서 뛰어난 업적을 남긴 인문주의 화가이기도 하다. 그는 이탈리아 여행을 두 번 하면서 당시에 주목받던 이탈리아 르네상스 화가들과 인문주의자들로부터 많은 영향을 받았다. 평생 동안의 작품 활동에서 태어난 수많은 걸작 중에서 우리의 흥미를 끄는 작품이 바로 유명한 <멜랑콜리아 I Melencolia I>이라는 동판화이다.

이 그림의 장면은 밤에, 바다가 내려다보이는 갑 위의 연안 마을을 보여준다. 비록 야외에 있는 것 같아도 장소는 인위적으로 만들어져 있고 복잡하다. 자연을 암시하는 것은 아무것도 없다. 사다리가 걸쳐 있는 창문 없는 이상한 건축물이 보인다. 사다리 밑에 한 여인이 앉아있는데, 부유한 옷차림을 하고 묶은 머리에는 관을 쓰고서 움직이지 않고 있다. 등에는 날개가 달려있으나 몸이 너무 육중해서 날아오를 수 없을 것 같다. 여인의 머리는 왼손 위에 기대어 있고, 오른손에는 컴퍼스를 들고 있다. 무엇보다 우리의 주의를 끄는 것은 그녀의 멍한 시선인데, 그 시선이 향하는 곳이 어디인지 모호하다. 옷주름에 가려져 있는 책도, 건성으로 들고 있는 컴퍼스도 아니고, 건물 벽에 매달려있는 저울도 아니다. 모래시계, 태양나침반, 마방진도 아니다. 땅 위에 펼쳐져 있는 톱, 못, 자, 대패, 평행자, 노루발, 마구리, 망치, 구와 다면체, 프리즘에도 시선이 향해있지 않다. 맷돌 위에 앉아있는 아기 천사는 수첩에 무언가를 끄적이느라 여념이 없고, 멜랑콜리한 자들과 학자들의 친구인 개는 자고 있다. 이 둘도 여인의 주의를 끌지 못하고 있으며, 수평선 위에 나타나 있는 특이한 현상들인 혜성, 무지개, 박쥐도 관심을 끌지 못하고 있다.

이 작품에 대한 해석은 여러 가지가 있지만 뒤러의 해석가 뵐플린에 의하면 뒤러는 독일어로 번역된 피치노의『인생에 관한 세 권의 책』을 알고 있었고 이 책을 참고했다(뵐플린, 2002: 246). 화가인 뒤러의 작품을 우리의 멜랑콜리 논의에 포함시킨 이유도 여기에 있다. 먼저 '멜랑콜리아'라는 제목을 보면 뒤러는 멜랑콜리라는 개념을 이해하고 있었다. 손으로 얼굴을 괸 여인의 자세는 전형적인 멜랑콜리의 자세이다. 그는 과다한 정신활동에서 비롯된 검은 담즙의 불균형을 묘사하려한 듯하다. 그리고 그 정신활동 중에서 수학을 선택했다. 수학은 모든 학문의 기초이고 "기하학을 모르는 자는 이곳에 들어올 수 없다"는 플라톤의 가르침을 표현한 듯하다. 기하학의 도형들은 순수한 사고에 의해서만 이해될 수 있고 이데아의 세계로 이끌어 들이는 것은 도형이라고 한다. 뒤러는 학생이 너무 많이 연습하여 지나치게 과로한 경우를 언급하면서, 그러면, 멜랑콜리에 빠지므로 잠시나마 현악기를 연주하며 혈액을 생기 있게 해 주어야 한다고 말하기도 했다. (위의 책, 246). 그리하여 그림 속의 상황은 피가 검게 변하고 무거워지는 상태, 즉, 멜랑콜리가 덮치는 상태이고 특히 위험한 때는 저녁인데 박쥐가 이 시간대를 암시하고 있는 것이다.

또한 멜랑콜리아와 점성술의 관계도 나타나 있다. 그 단서는 벽에 붙은 숫자판이다. 가로, 세로, 대각선 어느 방향으로 더하든 네 숫자의 합이 똑같이 나오는 소위 마방진이다. 사람들은 이런 마법의 숫자판에 신비스런 힘이 붙어있다고 생각했다. 그림에 있는 숫자판은 주피터(제우스)의 사각형인데, 주피터 신의 쾌활한 본성 덕분에 사투르누스의 음울한 위력을 막아줄 수 있다는 것이다.

그렇다면 <멜랑콜리아 I>이외에 II와 III은 없는 것일까?

피치노의 영향을 받은 독일의 신비주의 철학자 아그리파 네테스하임Agrippa Nettesheim은 영혼의 세 가지 능력에 따라 세 가지 멜랑콜리아가 생긴다고 하였다. 첫 번째 단계는 상상력에서 기인한 멜랑콜리아로서, 가장 낮은 단계이고 화가, 건축가의 위상이며, 혜성과 무지개가 그 전조라고 한다. 두 번째 단계는 이성의 멜랑콜리아인데, 철학자, 의사, 웅변가의 멜랑콜리이고, 책들과 시간, 수에 관한 것들이 여기에 속한다. 세 번째는 정신적 멜랑콜리아이고 가장 높은 정신을 신의 법칙과 결합시킨다고 한다. 이 단계에서 혜성과 무지개는 최후의 구원을 예고한다. 그림의 제목 <멜랑콜리아 I>은 상상력의 멜랑콜리아를 의미하는 것인가? 많은 해석가들은 뒤러가 II와 III을 작품화하지 않은 것에 놀라워한다. 그러나 이 작품을 자세히 살펴보면 두 번째, 세 번째의 멜랑콜리아의 요소가 여전히 존재함을 알 수 있다. 여러 가지 도형과 측량도구, 사색하는 자세와 표정, 구원의 요소로도 읽힐 수 있는 혜성과 무지개도 나타나있지 않은가? 인문주의자라해도 뒤러는 여전히 화가이자 예술가이며, 자신에 관한 정체성을 <멜랑콜리아 I>로 표현하되, 다른 영역도 아우를 수 있는 자신의 역량과 관심을 동시에 표현했다고 생각해도 무리가 아닐 것으로 판단된다(Prigent, 2005:50-53 참조).

뒤러의 이 목판화는 여러 화가들이 제작하고 해석하면서 유럽에서 대단한 명성을 얻었다. 독일, 네덜란드, 영국에서 화가들은 기하학과 점성술과 관련된 도상적 요소들을 다시 취하게 된다. 그러나 점차로 멜랑콜리는 4기질 이론과의 관련성에서 멀어진다. 예술가들의 작품에 대한 생각, 형이상학적 성찰의 문제, 과학적인 인식 및 지식과의 만남이 예술 작품의 주제가 되어가고 있었던 것이다.

V

고전주의와 계몽주의 :

이성의 우위와 멜랑콜리

교회의 권위에 의존하지 않고 인간을 새롭게 해석하기 시작한 르네상스 시대에 멜랑콜리의 천재성의 개념은 다시 빛을 발하기 시작했음을 앞 장에서 살펴보았다. 중세 천 여 년 동안 잊혔던 고대 그리스 작품들이 다시 읽혔고, 신학이 아닌 과학과 철학의 방법으로 인간의 본성을 탐구하려는 시도는 계속되었다. 르네상스 시대에 이어 서양 근대 시기인 고전주의와 계몽주의 시대 150여 년간의 특징은 무엇보다도 '이성과 합리성'이었다. 인간의 이성적 능력을 성찰하려는 데카르트와 라이프니츠, 지각과 경험, 관찰로 세계를 설명하려 한 로크, 흄, 베이컨 등의 많은 철학자들이 나타났다. 관찰과 실험을 중시한 이 시대의 과학자들은 새로운 눈으로 자연과 천체를 탐구하기 시작하여, 코페르니쿠스, 케플러, 갈릴레이는 천체 운동의 법칙을 바꾸어 놓았고, 뉴턴 등 근대 과학자들은 자연을 원자론과 기계론의 시각으로 읽었다. 이 과학혁명의 시대에 자연의 모든 존재는 그 안에 목적을 가지고 있다는 아리스토텔레스의 목적론적 세계관과, 자연은 신의 섭리에 따라 창조된 피조물이라는 기독교의 창조론은 낡은 시대의 유물로 간주되었음은 물론이다.

멜랑콜리에 관해서 말하자면, 멜랑콜리는 이제 쫓아내야할 악이고 병으로 간주되었다. 영국의 의사 티모시 브라이트Timothy Bright는 1586년에, 프랑스의 왕 앙리 4세의 의사인 앙드레 뒤 로랑André Du Laurens은 1595년에, 멜랑콜리에 관한 글을 발표하고, 자크 페랑 Jacques Ferrand은 1616년에 에로틱한 멜랑콜리에 대해 글을 쓴다. 이 사랑의 질병은 멜랑콜리와 유사한 것으로, 사랑의 욕망을 이성으로 억제하지 못하는 사람은 그들의 상상 속에 새겨진 사랑하는 이의 이미지에 지배되어 육체와 마음이 동시에 병든다는 것이었다(Hersant, 2005:623). 특히 티모시 브라이트는 '멜랑콜리한 기질이 창조를 가능케 하고, 멜랑콜리한 기질만이 플라톤주의자들이 말하는 열광에 이익이 된다'라는 당시에 유행하던 생각을 받아들이지 않았다. 그는 상상력이 만들어낸 환상들은 정신을 가장 심각하게 파괴하는 것이라고 생각했다(Radden, 2000:120). 또한 영국의 의사 토마스 윌리스 Thomas Willis는 17세기에 처음으로 멜랑콜리 속에서 광적인 측면과 우울한 측면이 교대로 나타남을 발견한다. 이것은 처음으로 체액 이론에 가한 공격이 되었다. 체액 이론과 멜랑콜리에 대해 비판이 확산된 것은 무엇보다도 1628년에 윌리엄 하비가 발표한 혈액순환의 원리에 힘 입은 것이다. 심장은 일종의 펌프와 같은 작용을 하여 혈액을 몸 전체에서 순환시키는 작용을 한다는 하비의 발견은 이제까지 서구 의학을 지탱하던 히포크라테스-갈레노스의 의학을 전면적으로 폐기하는 계기가 되었던 것이다. 2000여 년의 서구 의학과 철학의 역사에서는 동맥 속의 혈액에 프네우마라는 기체가 있어서 이것이 정신과 육체를 활성화시킨다고 여겨져 왔다. 이제 체액이론에 근거한 병리적 멜랑콜리를 보다 과학적으로 탐구하려는 시도가 17세기부터 마련되었다고 할 수 있다.

르네상스의 피치노 이후 천재적 멜랑콜리는 작가들에게 유행이 되었다. 그러나 상상력과 멜랑콜리의 천재성은 점차 분리되고 멜랑콜리에는 병든 부분만이 남아있게 된다. 상상력과 멜랑콜리 사이에 일어난 반목은 18세기에 절정에 달한다. 신에게서 벗어나 지상 세계를 물려받은 계몽주의 철학자들은 이성과 감정의 결합이 재능 있는 인간과 덕망 있는 인간을 만든다고 믿었다. 따라서 멜랑콜리는 몰아내야할 질병이자 치유해야 할 정신적 결함이 된 것이다.

먼저 17세기 이성의 시대에, 멜랑콜리에 대한 생각을 종합하여 정리한 로버트 버턴Robert Burton의 『멜랑콜리의 해부』라는 작품을 살펴보고, 18세기에 과학적이고 이성적인 사고에 입각하여 인간의 지식을 총망라한 『백과전서Encyclopaedia』에 멜랑콜리라는 항목이 어떻게 자리매김을 하고 있는지 알아보기로 하자.

1. 로버트 버턴

로버트 버턴(1577-1640)은 고전주의 시대에 살면서 중세 수도승의 이상을 구현한 인물이라고 할 수 있다. 그는 16세에 영국 옥스포드 대학에 입학하여 신학 학위를 취득한 후, 대학 도서관에서 수많은 책을 읽고 글을 쓰면서 독신으로 일생을 보냈다.

그의 나이 44세에 발표한 『멜랑콜리의 해부』(1612)는 이후에도 다섯 번에 걸쳐 계속 보완되면서 출판되었음을 볼 때, 그의 생애 절반은 이 책에 바쳐졌다고도 할 수 있으니, 『멜랑콜리의 해부』는 단순히 그의 작품이 아니라 그의 인생 자체라고 말해도 과언이 아니다.

『멜랑콜리의 해부』는 2000여 년 동안의 지식을 총망라하여 구축한 "멜랑콜리아의 대성당"(Dandery, 2005;687), "멜랑콜리에 대한 첫 번째 백과사전이자 검은 담즙의 관점에서 서양문화를 혼합한 기념비적인 총체"(Delon, 「멜랑콜리의 백과전서파」, Magazine littéraire, n.8, 2005:54)라고도 할 수 있다. 총 세 권으로 된 방대한 양의 이 저서는 멜랑콜리에 대해 당시까지 쓰인 모든 의학적, 철학적 저술들을 망라하고 있다.

이 책의 처음에는 장시(長詩)가 등장하면서 200여 페이지에 달하는 거대한 서문이 나타난다. <데모크리토스 2세가 독자에게>라는 제목의 서문에서 저자는 데모크리토스 2세라는 필명을 사용함으로써 기원전 5-4세기에 검은 담즙을 탐구했던 철학자 데모크리토스의 후계자임을 명시하고 있다. 첫 번째 권은 멜랑콜리에 대한 의학적, 철학적, 윤리적 탐구를 제시하고 있고, 두 번째 권은 멜랑콜리의 치료에 관해 당시까지 논의된 모든 방법을 정리하고 있다. 세 번째 권에서는 사랑의 멜랑콜리를 다루면서 질투의 문제와 처녀와 과부, 여성들의 멜랑콜리에 대해 서술하고 있다는 점이 독특하다. 그리고 종교적 멜랑콜리에 대해서도 기술하고 있다. 셰익스피어는 버턴의 저작과 티모시 브라이트의 저작을 탐독하여, 인간의 여러 가지 유형과 심리상태를 그의 위대한 극작품들 속에 새겨 넣었다고 한다.

당시에 유럽에서는 사상의 영역에서 경험론과 이성론이 각기 제 길을 열고 있었고, 과학은 새로운 시대를 예비하고 있었다. 이제 과학은 목록을 작성하거나 분류하는 것이 아니라 과거에 대항하면서 새로운 체계를 만들어내려는 참이었다. 하지만 버턴은 멜랑콜리의 의학에 관한 옛 글들을 공손하게 모방하여 종합했을 뿐이다. 그의 작품 제목인 '해부'란 곧 섬세한 관찰이며, '깊이 있는 연구나 분석'과 같은 용어로 이해하는 것이 좋다. 이 저서는 새로운 것과 낡은 것을 결합시키는 인문주의적 특성을 지니고 있으되, 의학이나 과학이 아니라 문학 장르로 간주될 수 있다.

그러므로 이 작품은 멜랑콜리에 대한 의학적인 서술의 진위를 떠나서 멜랑콜리를 인문학적으로 성찰한, 최고의 저서라고 할 수 있다. 신학자로서 버턴은 주로 히포크라테스,

갈레노스, 소크라테스, 플라톤, 라제스, 이븐 시나, 스토아 학파, 피치노의 글에 큰 비중을 두고 있다. 또한 기독교적 관점에서 볼 때, 인간은 완전히 선한 존재가 아니므로, 언제나 멜랑콜리라는 악에 빠져들 수 있는 나약한 존재임을 자각한다면 멜랑콜리는 인간이면 누구나 경험할 수 있는 질병이다. 버턴은 멜랑콜리에 대한 보편적인 인식에 근거한 접근 방식을 취하며, 인간 안에 있는 선한 것 – 즐거움, 기쁨, 환희, 배려, 친교 – 에 반하는 모든 것 – 슬픔, 비탄, 고뇌, 근심, 질투, 시샘, 교만, 허영 - 을 악으로 보고 이러한 악한 감정들이 잘못된 상상에 근거한 신체적 질병을 일으킨다고 생각했다. 멜랑콜리한 인간은 언제나 거짓 상상력에 빠져서 선한 감정에 반대되는 악한 감정들을 촉발시켜 타락하기 쉬운 존재들이기 때문에, 인간 내부에 있는 선하지 않은 상태들에 대한 인식과 성찰을 통해 자신을 정화함으로써 정신과 육체의 건강함을 꾀해야 한다는 취지이다. 따라서 그의 논지에 의하면 멜랑콜리의 범위에는 건강하지 않은 감정이 모두 포함된다. 단순히 우울증뿐 아니라 현대의학에서 정신적 질병으로 분류되는 망상장애를 비롯한 편집증, 정신분열증, 강박증 등도 모두 망라되어 있다. 그러므로 현대의학 이전에는 온갖 정신적 문제와 장애들이 멜랑콜리라는 명칭 하에 두루뭉술하게 쓰이고 있었음을 알게 된다.

결국 이 작품은 저자 자신의 멜랑콜리한 기질과 고독한 직업 특성 때문에 생기는 정신적 고통의 위험을 인지하고, 자신의 고독한 삶 전체를 집필이라는 노동을 통해 보상하려한 치열한 분투의 결과물이라고 할 수 있다. 너무도 방대한 저서이기 때문에 멜랑콜리의 역사를 보여줄 수 있는 몇몇 구절을 읽어보는 것으로 그치고자 한다.

먼저 버턴은 말하기를, 자신은 "고독하게 늘 같은 자리에서 조용하게 나 자신과 뮤즈여신들을 위해 살았다. 노년에 도달하고서는 지혜를 배우기 위해 대부분의 시간을 나의 연구실에 틀어 박혀 지낸다"고 고백한다. 피치노와 마찬가지로 버턴도 "사투르누스는 나의 탄생별의 주인"이었다고 말하면서 "멜랑콜리를 벗어나려 애를 쓰면서 멜랑콜리에 대해 쓰고 있는" 것이다. 그에 의하면 "멜랑콜리의 가장 강력한 원인은 한가로움이다. 그리고 가장 좋은 처방은 노동이다" (Burton, 2000:18-25).

> 우리는 모두 불행한 존재들이다. 우리는 쓸데없는 질문들과 싸우면서 하루를 보내고, 그 동안 자연의 중요한 보물들은 손대어지지 않은 채로 있다. 그러나 우리는 모든 종류의 질병에 대한 가장 좋은 약을 찾아낼 수 있을 것이다. 우리는 그것들을 무시할 뿐 아니라 조롱하고, 저주하기도 한다. 여기에 바로 내가 이 의학적 주제를 선택하게 된 이유가 있다. 성물(聖物) 이외에는 아무 것도 얻을 수 없는 멜랑콜리한 신학자가 왜 의학에 몰두할 수 없을 것인가? 마르실리오 피치노는 성직자이자 의사였다.(위의 책, 48-49)

버턴은 피치노의 견해를 수용하여, "연구, 관찰, 계속되는 사색은 광기의 특별한 원인이며, 계속되는 연구에서 비롯된 멜랑콜리로 고통 받는 사람들은 수없이 많다"고 주장한다. 그리고 점성술을 받아들인다.

> 지식인들은 자주 엄격함, 슬픔, 메마름, 음울함의 특징을 보여준다. 왜냐하면 연구는 그들의 신체를 약하게 하고 정신을 무르게 하고 힘과 용기를 감소시키기 때문이다. 무엇보다 탁월한 학자가 훌륭한 군인이 될 수는 없다.(위의 책, 510)

> 자연적인 원인들은 일차적이고 보편적이거나 부차적이고, 보다 특별한 일차적 원인은 하늘, 우주, 별들, 그리고 그 영향으로 일어나는 이러저러한 결과들이다. (...) 파라켈수스에 의하면 별들을 알지 못하는 의사는 질병의 원인을 이해할 수 없고, 치료를 결정할 수 없다고 한다. 그것이 통풍이든 다른 병이든 단순한 치통이든 간에. 이 점에서 별자리와, 병이든 신체 부분의 별의 테마를 알아야 한다. 우리가 다루고 있는 질병들에 대해서 그 일차적이고 주요한 원인은 하늘에서 왔고, 별들의 영향이 체액보다 더 중요하며, 별자리는 모든 다른 원인들보다 더 멜랑콜리에 이끌어간다는 것을 확신한다.(위의 책, 340-342)

그러나 인간의 어리석음을 조롱하는 근대의 데모크리토스인 이 우울한 현자는 세상을 관찰하면서 세상이 불안정하며 모순적이고, 인간 역시 불안정하고 불확실하다고 결론지었다.

> 실제로 우리는 모두 무분별하고, 멜랑콜리하고 미쳐있지 않은가? 어떤 사람이 어리석은 짓을 하지 않을 수 있는가? 누가 병든 정신을 가지고 있지 않은가? 비이성, 멜랑콜리, 광기는 하나일 뿐이고, 같은 질병이며, 착란이라는 단어는 모든 사람에게 적용되는 것이다.(위의 책, 54)

이 미친 세상과 화해하지 못할 때, 그 누가 멜랑콜리해지지 않을 수 있을 것인가?

> 그런데 살아있는 인간 존재는 모두 이러한 멜랑콜리를 피할 수가 없다. 어떤 스토아 학자도 멜랑콜리에서 해방되었다고 확신하기에는 충분히 이성적이지 못하고 충분히 행복하지 못하고, 선하거나 경건하고 종교적이지 못하다. 어떤 순간에 이러한 상처를 느끼지 않는다고 확신할 만큼 충분히 균형 잡혀 있는 사람은 그 누구도 없다.(위의 책, 227)

> 키케로는 『투스쿨란의 대화』에서 말했다. 어리석은 이들은 병자이다. 마찬가지로 정신이 혼란스러운 모든 사람들도

병자이다. 누가 아프지 않으며 누가 조금도 악을 행하지 않을 것인가? 그 누가 정념이나 분노, 질투, 불만, 두려움, 슬픔에 지배당하지 않을 것인가? 누가 이러한 질병에 고통스러워하지 않을 것인가? (위의 책, 70)

멜랑콜리의 경향은 슬픔, 필요, 질병, 혼란, 두려움, 비탄, 정념, 혹은 정신의 혼란, 모든 종류의 근심, 불만, 정신의 무거움과 억압이 끝없이 일어난다는 상황에 의해 오고 간다. 왜냐하면 우리의 기쁨, 환희, 즐거움, 감미로움과 대립되는 것은 모두 우리를 타락시키고 불만에 차게 하기 때문이다.(위의 책, 227)

그는 멜랑콜리의 여러 증상 중에서 비탄과 슬픔을 가장 근본적인 원인으로 본다.

비탄과 슬픔은 악순환 속에서 서로서로를 만들어낸다. 왜냐하면 비탄은 멜랑콜리의 원인이자 동시에 증상이기 때문이다. 비탄은 광기의 원인 중 하나이고 수많은 다른 질병의 원인이다. 그것은 재앙의 유일한 원인이다. 영혼의 잔인한 고문이고 설명할 수 없는 고통이어서 어떤 고문, 어떤 육체적 형벌도 그에 비교될 수 없다.(위의 책, 435-436)

그러나 그 슬픔 덕분에 멜랑콜리한 자들은 방탕한 생활

을 피할 수 있다. 마치 가난한 사람들이 정직하듯이 결점 많은 멜랑콜리한 자들은 정직할 뿐 아니라 방탕해지지 않는다. 버턴은 멜랑콜리를 치료하는 모든 방법들을 열거한 끝에 멜랑콜리를 옹호한다. 멜랑콜리한 사람들은 고독한 것을 좋아하므로 사색적이 되고, 의심이 많으므로 신중하며, 슬퍼하는 성향으로 인해 자제하게 된다. 멜랑콜리한 사람들은 세상의 헛되고 일시적인 것에 탐닉하지 않고, 한 가지에 몰두하므로 거기에서 지식을 얻고, 현명하고 지혜로울 수 있다. 비록 그는 어떤 점에서는 불합리하고 미친 것처럼 보이지만 다른 사람들보다 지혜롭고 강하다(위의 책, 1070). "슬픈 것이 즐거운 것보다 낫고, 불행한 것이 행복한 것 보다 낫다" (위의 책, 1071)고 말하는 버턴의 견해는 이후 낭만주의 시대에 많은 사람들에게 영향을 끼치게 된다. 그는 『데모크리토스의 웃음』에서 히포크라테스가 데모크리토스를 '현자 중의 현자'로 인정했음을 기억하고, '위대한 멜랑콜리'의 전통을 잇고 있는 것이다.

2. 백과전서파

프랑스의 백과전서파란 새로운 과학 지식과 이성, 합리성으로 무장하고, 방대한 백과사전을 편찬한 학자들을 일컫는 명칭이다.[12] 30년 동안 수백 명의 학자들이 참여한 이

12) 프랑스의 백과사전 편찬 사업은 1728년에 출판된 영국의 『백과사전

작업에 주도적이었던 사람은 달랑베르D'Alenbert와 디드로 Diderot이다. 달랑베르는 사전의 서문과 문학 부분을 담당했고, 디드로는 25년 동안 문학, 미학, 고고학, 그리고 의학, 약초학, 지리학 등 여러 항목을 기술했다.

새로운 과학이론과 합리성을 신봉하던 백과전서파들에게 멜랑콜리는 로버트 버턴이 부여했던 전체성을 잃어버린다. 백과전서의 멜랑콜리 항목은 '감상적 멜랑콜리', '종교적 멜랑콜리', '병리적 멜랑콜리'로 각각 나뉘어 서술되어 있다. 첫 번째 감상적 멜랑콜리 항목의 정의는 부정적이지 않지만, 두 번째 정의인 '종교적 멜랑콜리'에서 멜랑콜리는 무너뜨려야 할 대상이 된다. 멜랑콜리한 사람은 타락한 인간이라는 종교적 편견은 거부해야 마땅하다. 두 번째 정의를 쓴 사람은 조쿠르Jaucourt인데, 신학자이자 의사이다. 그는 종교적 멜랑콜리는 이성적 사고를 가져야 치료될 수 있다고 보았다. 세 번째 항목의 저자는 디드로일 것으로 추정된다. 멜랑콜리의 착란이나 악마에 대한 조롱에 대해서는 새로울 것이 없지만 검은 담즙의 기능에 대해서는 의심을 표명하고, 첫 번째 줄에서부터 히포크라테스와 거리를 두고 있다.

① 멜랑콜리 : 우리의 불완전함에 대한 통상적인 감정. 우

Cyclopædia』을 프랑스어로 번역하려는 시도에서 시작되었고, 이후 1745년부터 30여 년 동안 수백 명의 학자와 과학자들이 참여하여, 사전 17권과 도판 11권이 출판된 방대한 사업이었다.

리 자신에 대한 만족감에서 생기는 즐거움과 대립된다. 멜랑콜리는 대개 영혼과 신체 기관이 허약해진 결과이다. 그것은 또한 어떤 완벽함에 대한 생각이기도 한데, 그러나 완벽함이란 자신에게서도 다른 사람에게서도, 쾌락의 대상이나 자연에서도 찾을 수 없는 것이다. 멜랑콜리는 영혼의 능력을 시험하는 사색 속에서 즐거움을 느낀다. 이는 자기 존재에 대해 좋은 감정을 갖기 위해서이고, 영혼의 고갈을 가져오는 정념의 혼란과 생생한 감각으로부터 영혼을 구해내기 위해서이다.(Dandery, 2005:750-751)

② 종교적 멜랑콜리 : 종교는 순수한 즐거움을 금지하고, 인간들을 구해내기 위해 단식, 눈물, 마음의 통회만을 명령한다는 잘못된 생각에서 나오는 슬픔. 이 슬픔은 전부 육체와 정신의 질병이고, 인간-기계의 고장, 환상적이고 미신적인 두려움, 종교가 만들어낸 잘못된 생각들과 근거 없는 근심에서 비롯되는 것이다.(위의 책, 751)

③ 멜랑콜리(의학) : πέλαινα(melan-검은)과 χολή(cholie-담즙)의 합성어로, 히포크라테스가 검은 담즙에 의해 만들어진다고 생각한 질병을 가리키기 위해 사용했다. 그 발생적이고 특징적인 성질은 결정적으로 하나, 혹은 두 개의 대상에 대해서 특별한 망상을 가지는 것인데, 열도 없고, 격분도 없다는 점에서 조광증과 광란과는 다르다. 이 망상은 참을 수 없

는 슬픔과, 우울한 기분과, 인간혐오와, 고독으로 향하는 성향과 흔히 결합되어, 이러한 병에 걸린 여러 유형의 사람들을 찾아볼 수 있다. 어떤 이들은 자신이 왕이나 군주, 신이라고 상상한다. 어떤 이들은 늑대, 개, 고양이, 토끼 같은 짐승이 되었다고 생각한다. (..) 그들은 숲으로 달려가 불을 지르고, 동물들과 싸운다. 세상에 홍수를 일으키고 새로운 대홍수를 만들까봐 두려워 소변을 참는 멜랑콜리 환자들도 있다.(위의 책, 752)

멜랑콜리한 자의 시신을 조사해보면, 아랫배에 현저한 이상이 발견된다. 내장이 비대해졌거나, 끔찍하게 변형되고, 극도로 작아졌거나 말라비틀어져 있고 손실되어 있기도 하다. 어떤 사람의 내장은 딱딱해져 있고, 경성의 암이 있고, 반대로 물렁물렁해지거나 없어져버린 경우도 있다. 대부분의 경우 거무죽죽한 피나 검고 짙으며 송진처럼 끈적끈적한 체액으로 가득한 뇌와, 심장, 위장을 볼 수 있는데, 고대인들은 이것을 흑담즙, 혹은 멜랑콜리(검은 담즙)라고 불렀다. 이러한 관찰된 사실들과 이 질병의 가장 일반적인 원인들을 고려해보면, 이 질병의 모든 징후들은 아랫배에, 혹은 상복부의 어떤 결함에 의해 유발되었다고 쉽게 생각된다. 멜랑콜리의 즉각적인 원인은 통상 이곳에 있다고 가정할 수 있고, 뇌는 거기에 공감하여 영향을 입었을 뿐이다. 이 부분의 교란이 멜랑콜리의 착란을 유발한다는 것을 증명하기 위해서는 이 부

> 분에 극도로 민감한 대단한 양의 신경들이 퍼져있음을 상기해야 한다.(...) 우리가 위에서 인용했던 여러 사실로부터 고대인들이 늑골 하부에서 교란된다고 믿은 검은 담즙, 혹은 흑담즙은 대부분의 현대인들이 생각하는 것처럼 우스꽝스럽고 상상에서 비롯된 것만은 아니다. 이외에도, 멜랑콜리한 사람들은 대변과 구토를 통해서 송진처럼 끈끈하고 거무스름한 물질을 배출했고, 이러한 배출작업은 건강에 이로운 것이었다. 그러나 어떻게, 어떤 작용을 거쳐 그러한 아랫배의 불편함이 멜랑콜리의 주요 증상인 망상을 촉발하는지는 알지 못한다. 확인된 사실자료들을 가지고 있는 것으로 충분하다. 차후의 연구는 어렵고, 순전히 이론적이고, 어떤 중요성도 없다. 동물적인 정신이 이 검은 체액으로 더럽혀지고, 고통을 받으며, 정신의 명료함과 투명함을 상실하고 그 결과 영혼은 흐릿한 거울이나 뿌연 물을 통해 보는 것처럼 혼란스럽게 대상을 바라볼 수 밖에 없게 된다.(위의 책, 753-754)

아랫배의 불편함이 어째서 망상을 촉발하는 것인지에 대해서는 그 때까지 이유를 알아낼 수 없었고, 따라서 의심스러운 일이었다. 디드로가 상복부에 있는 "대단한 양의 신경"이라는 용어를 사용하면서, 그 신경들의 무질서에 의해 전체 조직이 교란된다고 말할 때, 그는 새로운 용어의 필요성을 은근히 암시하고 있는 것이다. 당시에 의사인 안 샤를 로리Anne Charles Lorry는 체액의 멜랑콜리와 신경의 멜랑콜리를 구분하고 있었다고 한다(Hersant, 2005:683). 과학과 정신의학이 점점 발전되어가고 있었다.

Ⅵ

낭만주의 :

세기의 병, 멜랑콜리

18세기말부터 시작되어 19세기까지 이어진 낭만주의 시대에 멜랑콜리는 전 유럽을 휩쓸어간 '세기의 병'이 되었다. 프랑스 대혁명(1789년)에서 촉발된 정치체제의 극심한 혼란과 동요 속에서, 변화하지 않는 영원한 것을 욕망했으나 좌절할 수밖에 없었던 당시 사람들의 고뇌가 멜랑콜리로 표현되었던 것이다. 멜랑콜리는 다시금 '위대한 멜랑콜리'와 연관되었고, 비록 고통스럽기는 하지만 가치 있는 감정으로 이상화되기 시작한다. 멜랑콜리한 사람은 보다 깊이 느끼고, 보다 정확하게 보는 사람이며, 보다 더 숭고함에 가까이 가는 사람으로 인식되었다.

특히 19세기 중반부터는 과학과 의학의 발달에 힘입어, 멜랑콜리에 대한 인식은 철학의 주제에서 의학의 주제로 넘어가게 되었다. 영혼의 질병은 다시 신체의 질병이 되었고, 증상들은 새로운 치료법이 필요해졌다. 프랑스의 시인 보들레르Baudelaire와 그의 동료 문인들이 읽고 참고했던 의학자 브리에르 드 부아몽Brierre de Boismont(1797-1881)의 저서는 권태와 자살에 대한 역사적이고 의학적인 분석이다. 부아몽은 세네카를 비롯하여 중세와 르네상스 작가 및 당대의 작가들이 다룬 권태의 여러 양상들을 탁월하게 분석하였다. 중세에는 그다지 확산되어 있지 않았던 권태, 즉 삶에 대한 혐오감이 르네상스 시기부터 부활된 고대 문학과, 자살에 대한 고대(스토아학파)의 찬미가 불러일으킨 유행 덕분에 새로운 관심을 끌게 되었다고 보았다. 부아몽은 자살의 두 가지 원인을, 분명한 원인에 의해 발생한 권태와 타고난 권태로 구분하고, 멜랑콜리 성향은 타고난 일차적인 권태에 속한다고 말한다(Hersant, 2005:888-917 참조). 그런데 우리가 자세히 다루지는 않았지만 아리스토텔레스는 이미 『문제 30-1』에서 멜랑콜리의 자살 성향을 언급한 바 있다.[13)]

낭만주의 시대의 멜랑콜리의 특징을 살펴보기 위해, 먼저 영국에서 시작되어 독일과 프랑스 등 유럽으로 확산되어 간 낭만주의의 특징과 경향에 대해 간략하게 살펴보자. 영국의 낭만주의는 독일에 영향을 끼쳐, 이성보다는 감정과 정열에 기반한 '질풍노도 운동'을 이끌어갔다. 이 두 나라의 움직임은 혁명의 소용돌이에 휩싸여있던 프랑스에도 파급되

13) 아리스토텔레스는 『문제 30-1』에서 검은 담즙에서 비롯된 체액의 혼합이 너무 차가우면 이유없이 슬픔의 정서가 만들어지고, 젊은이들뿐 아니라 나이든 이들도 자살한다고 말했다. 그리고 술을 마신 후에도 자살한다. 술이 열정을 가져다주기도 하지만 술의 열기가 식으면 무기력해져서 자살하기 쉽다고 하였다. (Pigeaud, 1998:103-107 참조)

었고 전 유럽은 거의 100년 동안 멜랑콜리의 열병을 앓는 동시에 멜랑콜리에 지대한 가치를 부여하게 되었던 것이다.

당시 영국에서는 시민계급의 등장과 더불어 인간의 심리에 기반을 둔 미학적 방향으로서 새로운 조류가 나타나기 시작한다. 이 시기의 예술가들과 비평가들은 인간의 마음, 정신, 심리작용에 대해 점점 더 깊은 관심을 보이게 된다(이경옥, 2004:10). 에드워드 영Edward Young의 『밤의 상념』과 제임스 맥퍼슨James Macpherson의 『오시안의 서사시』가 대표적인 작품이다.[14)] 특히 영국에서는 멜랑콜리라는 용어 대신에 'spleen(스플린)'이라는 단어가 유행하였다. 로버트 버턴의 『멜랑콜리의 해부』 이후로, 영국인들은 축축하고 어두운 날씨의 영향으로 멜랑콜리나 히포콘드리아의 질병에 걸리기 쉬

14) 에드워드 영(1683-1765)이 아내와 딸 부부의 사망을 연이어 겪고 발표한 『밤의 상념 The Complaint, Night thoughts on Life, Death, and Immortality』(1742-1745)은 영국 뿐 아니라 프랑스와 독일에서 엄청난 성공을 거둔다. 그의 시에 나타난 생생한 이미지들의 분출, 감정의 격렬한 표현, 밤, 죽음, 무덤은 예술적 천재라는 이상(理想)을 설파한다. 에드워드 영은 17세기 말에 태어났지만 전기 낭만주의의 대표적인 인물로 평가되고, 그로부터 종교적 멜랑콜리, 운명, 매혹적인 죽음의 테마가 비롯되었다고 할 수 있다. 또한 1760년대에 제임스 맥퍼슨(1736-1796)은 고대 갈리아어로 된 기원전 3세기 무렵의 시인 오시안Ossian의 서사시를 영어로 번역, 발표한다. 고대 스코틀랜드 왕가의 후손으로 알려진 장님 시인 오시안의 작품은 그리스 호메로스의 『일리아스』나 『오뒤세이아』에 버금가는 격정적이고 진솔한 영웅서사시로 평가받으면서 유럽에서 대단한 반향을 불러일으켰다. 그러나 오시안의 시들은 작품의 진위논란이 있으며 맥퍼슨에 의해 창작되었다고 말해지기도 한다. 하지만 이 작품은 당시 작가들에게 많은 영향을 주었고, 괴테는 그 영향으로 『젊은 베르테르의 슬픔』을 썼다.

운 사람들이라고 여겨졌다. spleen은 라틴어로는 splen이고, '비장'이라는 뜻이다. 영국 사람들은 '우울한 심리 증상, 영혼의 슬픔, 비장의 질병에서 기인한 쇠약과 권태'를 가리키기 위해 이 단어를 사용하였다(Delon, 「빛의 세기의 그림자」, Magazine littéraire, n.8, 2005:57). 멜랑콜리가 특이하고 괴상한 여러 가지 생각과 상상력의 분출을 보여준다면 spleen은 스토아 철학에서 사용하던 '타디움 비타', 즉 '삶에 대한 혐오'를 주요 특징으로 하여 자살충동을 더 많이 가진다(Hersant, 2005:731).

독일 문학에서도 멜랑콜리한 인물들이 여러 명 등장한다. 괴테의 베르테르, 필립 모리츠Philipp Moritz의 안톤 라이저, 노발리스Novalis의 하인리히 폴 오프터딩겐(『푸른 꽃』)은 그 시대 작가들의 감정 상태를 그대로 반영하고 있는 인물들이다. 괴테는 질풍 노도 운동에 영향을 받아 정념과 정열에 사로잡힌 젊은이의 자살을 소설화하였고, 당시의 많은 유럽 사람들이 베르테르에 열광하면서 '베르테르 효과'라는 말이 생기기도 하였다.

독일에서 초기 낭만주의자들은 프랑스 혁명에 열광하여, 혁명이 세상을 변화시키고 개인의 능력 고양의 전조라도 되는 듯이 여겼지만, 프랑스에서는 반대로 혁명의 끝과 제국의 몰락은 환멸을 남겨 주었다. 프랑스에서도 영국의 낭만주의와 괴테의 영향을 받아 낭만주의 사조가 유행하였는데, 샤토브리앙Chateaubriand은 『르네』를, 뮈세Musset는 『세기아의 고백』을 발표한다. 여러 낭만주의 작가들 중에서 샤토브리앙은 멜랑콜리의 전형적인 인물을 창조하였으니, 바로 르네이다.

시의 영역에서도 수많은 시인들이 나타났지만 세 명의 시인들을 만나보는 것으로 만족하기로 하자. 영국의 대표적 낭만주의 시인인 키츠Keats의 「멜랑콜리에 바치는 송가」라는 시편을 감상해보자. 프랑스의 유명한 시인 보들레르는 시집『악의 꽃』으로 유명한데, 이 시집은 인간 영혼의 긍정적인 면 – 순수함과 아름다움, 천상과 영성의 신비 등 – 을 이상화하기 보다는 부정적인 인간의 영혼 상태를 더 많이 그리고 있다는 점에서 독창적인 시집이다. 보들레르의 여러 시편 중 영어의 spleen을 제목으로 한 시를 살펴보기로 하자. 보들레르의 후배 시인 베를렌Verlaine은 멜랑콜리 기질을 가진 대표적 시인이며, 사투르누스의 별자리에서 태어난 불행하고 음울한 삶을 운명으로 지니고 있다고 믿었다. 그의 첫 시집『토성 시집』의 첫머리를 장식하고 있는「서시」에서 그의 생각을 알아보기로 한다.

그리고 정신의학분야는 1850년대 이후에 비약적인 발전을 이루게 된다. 19세기의 수많은 소설과 시에 나타난 멜랑콜리의 의학적 토대를 가능케 한 정신의학자들의 멜랑콜리에 대한 판단과 개념의 변화를 살펴보자.

1. 소설에 나타난 멜랑콜리의 인간형

(1) 괴테의 베르테르

괴테는 1783년 25세에『젊은 베르테르의 슬픔』을 발표한다. 당시 독일은 계몽주의 일색이었다. 이 작품은 발표되자마자 불어 닥치기 시작한 '질풍노도 운동'과 함께 새로운 문학 조류의 중심에 서게 되었다. 인간 감정의 본질과 생명력을 회복하려는 시대정신은 바야흐로 합리주의에서 비합리주의로 방향을 전환하고 있었던 것이다.『젊은 베르테르의 슬픔』은 괴테의 자전적 경험에서 모티프를 취한 소설로서, 괴테는 고등법관의 딸 16세 소녀 샤로테를 사랑하게 되었으나 그 소녀는 이미 약혼자가 있었다. 그녀의 약혼자가 자리에 없었을 때 사랑을 고백하지만 거절당하자, 괴테는 상심한 마음의 편지를 남기고 도망치듯 고향으로 돌아와 버린다. 후에 괴테는 친한 친구가 어떤 부인에게 연정을 품었고, 그 부인의 남편에게서 빌린 권총으로 자살했다는 소식을 듣고 충격을 받는다. 작가의 경험과 사실에 바탕을 둔 이 소설에서, 베르테르도 로테의 약혼자 알베르트에게 빌린 권총으로 자살했다.

베르테르는 "가슴이 자주 끓어오르고", "모든 일에 지나치게 열을 올리는" 혈기왕성한 젊은이로 그려져 있다. 친구 빌헬름에게 "사랑이 없다면 이 세계가 우리 마음에 무엇을 뜻하겠는가?"라고 말하는 베르테르는 사랑과 정열을 무엇보다 소중히 여기고, "내가 알고 있는 지식은 누구나 알 수 있지만 나의 마음은 나 혼자만의 것이다"라고 생각하는 전형적인 낭만주의 인간형이다.

> 나는 얼마나 자주 끓어오르는 피를 자장가로 달랬는지 모른다. 정말이지 이 내 가슴처럼 격하고 변덕스러운 것은 못 보았을 것이다. 그러나 자네에게 이런 말을 할 필요가 어디 있겠나. 자네는 내가 고민을 하다가는 걷잡을 수 없이 방자한 꼴로 달콤한 멜랑콜리에 잠겼다가 파괴적인 정열로 옮겨가는 모습을 여러 번 목격했고, 그것이 자네에게 폐가 된 것도 한두 번이 아니었으니 말이야. (괴테, 2009:50)

그러나 베르테르는 또한 이성적 판단과 자제심이 있는 청년이고, 멜랑콜리에 대한 통찰력있는 견해를 피력할 만큼 지적인 청년이기도 하다.

> 만일 인간이 그처럼 풍부한 상상력을 발휘해서 지나간 불행에 대한 추억을 불러 일으키려고 하지 않고 차라리 현재를 무난하게 참고 견디어 나간다면 인간의 고통은 훨씬 줄었을 거야.(위의 책, 46)

> 우울함이란 꼭 게으름과 같다고 할 수 있지요. 그것은 게으름의 일종입니다. 우리 인간의 천성은 게으름으로 기울어

> 지기 쉽습니다. 그러나 일단 마음을 가다듬고 분발하기만 하면, 일은 잘 진척되고 활동 속에서 참다운 기쁨을 찾아낼 수 있을 것입니다. (..) 우울한 기분이란 자기가 보잘것없는 인간이라는 사실에 대한 내심의 불쾌감, 자기 불만이라고 할 수 있고, 어리석은 허영심의 사주를 받은 질투심이 항상 결부되어 있는 것 아니겠습니까? 다른 사람들을 행복하게 해주지도 못하면서 행복한 사람들을 보면 못견뎌하는 그런 것입니다.(위의 책, 84-86)

더 나아가 베르테르는 고대로부터 이어온 멜랑콜리의 전통을 숙지하고 있음이 다음의 글에 잘 나타난다.

> 왜냐하면 자신의 격정에 사로잡힌 인간이란 생각하고 판단하는 능력을 모두 잃고 있으니까 술에 취한 사람이나 미친 사람이라고 볼 수 있기 때문이지요. 예부터 사람들은 어떤 위대한 일이나 불가능한 일을 해낸 비범한 인물을 술주정뱅이나 미치광이라고 부르지 않고는 못 배겼던 사실을, 나는 나름대로 이해했기 때문이지요.(위의 책, 106)

또한 영국 스코틀랜드의 신화적 서사시인 『오시안의 노래』는 자욱한 안개와 달빛에 싸인 우수어린 풍경으로 인해 베르테르의 성정을 자극했다. 그는 직접 번역한 이 시를 로테에게 읽어주고, 두 사람은 감동과 희열로 가득 차 서로의 사랑을 확인하게 된다. 이성으로는 자신의 사랑이 이루어지기 어렵다는 것을 알지만, 감정으로는 "이토록 자신이 그녀를 사랑하고 마음이 서로 통하는 사이인데 어째서 사랑이 이루어질 수 없는 것인지"를 받아들이지 못한다. 그리하여 그는 마침내 자신의 다스릴 수 없는 감정에 굴복해 버린다. 그는 "인간은 역시 인간이오. 약간의 분별력을 가졌더라도 일단 정열이 끓어오르고 인간성의 한계가 몸에까지 닥쳐온다면 그런 것은 별로, 아니 전혀 문제가 되지 않는 것이오"라고 말하며, 자살로 생을 마감하고 만다.

(2) 모리츠의 안톤 라이저

이성과 분별에 대한 정열과 정념의 우위를 보여주는 『젊은 베르테르의 슬픔』을 좋아했던 필립 모리츠(1765-1793)는 『안톤 라이저 Anton Reiser』라는 자전적 소설을 발표했다. 그는 신앙 절대주의로 가득한 독일 시골에서 교양 없는 부르주아의 억압에 짓눌린 소년의 심리적 고통을 그려낸다. 모리츠는 인기 있는 소설가는 아니다. 37세에 결핵으로 사망한 그는 당대에도 관심을 받지 못하였다. 그런데 흥미롭게도 위 소설의 서문에서 "이 소설은 심리소설이지만 여기에 실린 관찰의 대부분이 실제의 삶에서 취한 내용들이므로", "일종의 전기로 읽혀도 무방하다"고 말하고 있다.

가난한 농부의 가정에서 태어난 모리츠는 모자 제조공으로 일하면서 멸시와 모욕 속에 살았다. 우여곡절 끝에 간신히 공부를 하여 베를린의 미술대학 교수가 되었고 과학 아카데미의 회원이 된다. 따라서 이 소설은 모리츠의 분신인 총명한 소년 안톤의 고통스런 성장사를 기록한 작품이라고 할 수 있다. 그리고 실제로 경험한 사실에 토대를 두었기 때문에 소년의 병리적 징후들은 매우 강력한 진실을 드러낸다.

멜랑콜리의 성향을 지닌 모리츠처럼 주인공 안톤도 어린아이일 때부터 멜랑콜리 성향을 나타냈다. 어릴 적에 심한 병에 걸려 다리 절단이라는 위기를 간신히 모면한 안톤은 죽을 지도 모른다는 공포감에 사로잡힌다. 그 이후 이 성향은 여러 상황으로 인해 심해진다. 그 주요한 원인은 수치심이었다. 그는 너무도 가난하여 어린 아이였을 때부터 고된 노동을 해야 했으므로 다른 사람들의 도움에 의존해서야 간신히 공부를 할 수 있었다. 그는 고독 속에서가 아니면 진정한 기쁨을 찾을 수 없었다. 그는 그 원인을 생각해 본다.

> 부모님은 안톤이 아주 어릴 때부터 단 한 차례도 그를 다정스럽게 쓰다듬어준 적이 없었으며, 잘했다고 칭찬해주지 않았다. 문을 열고 들어설 때 마다 집은 불만과 분노, 눈물, 그리고 탄식으로 가득 차 있는 것 같았다. 이러한 첫인상들은 평생 동안 안톤의 머릿속을 떠나지 않았고 가끔씩 여하한 철학으로도 떨쳐버릴 수 없는 어두운 생각들로 번져갔다.(모리츠, 2003:16)

> 안톤의 어머니는 실제로 모욕을 당하지 않았음에도 불구하고 그렇게 느끼고 싶어 했다. 스스로를 가학하고 우울하게 만들 구실을 찾음으로써 자기연민과 자기만족을 느꼈다. 유감스럽게도 안톤은 어머니로부터 이 병을 물려받은 것 같았다. 그는 이를 극복하려고 노력했지만 번번이 실패할 뿐이었다.(위의 책, 35)

> 즐거워 환호를 지르는 자들보다 슬퍼하는 자들 속에 자신을 대입하는 게 안톤에겐 훨씬 달콤했다. 이는 어릴 적부터 그의 마음을 사로잡았던 '슬픔의 희열'이었다. (위의 책, 334)

위의 구절들에는 멜랑콜리한 성격이 어떻게 형성되는지 분명하게 기술되어 있다. 어린 시절부터 겪은 심리적, 육체적 고통, 유전적인 성향, 부정적인 생각에 빠지고 슬픔을 희열로 경험하는 태도가 나타난다. 그리고 오랫동안 수없이 많은 모욕적인 일을 당한 안톤은 자기 존중감이 결여되어 있었다. 사소한 사건들에도 안톤은 좌절과 낙담이라는 마음의 상태로 떨어지고 또 떨어졌다. 자신이 아무런 의미도 없는 존재라고 생각했고, 자신을 혐오했다. 외모를 무시하기 시작하고 매일 일어나고 잠드는 것이 짐일 때도 있었다. 그의 유일한 욕망은 깊은 잠속에 떨어져서 자신을 완전히 잊고 무화되는 것이었다.

그래서 "안톤은 하루도 빠지지 않고 풀밭에 앉아 현실과 이상 세계의 모습을 꿈꾸며 보냈다. 그런데 바로 그 해에 『젊은 베르테르의 슬픔』이 발표되었다. 베르테르가 지닌 슬픔은 당시 안톤을 사로잡고 있던 이념과 감정, 예컨대 고독, 자연의 향유, 옛 선조들의 삶, 인생무상 등을 부분적으로 다루고" 있었으므로 안톤은 이 소설을 깊이 사랑하게 된다. 누구에게도 사랑받지 못하고 사랑할 수 없다고 믿었던 불쌍한 안톤은 사랑에 관한 것만 제외하면, 베르테르의 느낌과 자신의 느낌이 딱 들어맞는다고 느꼈다. 괴테가 그 책의 서두에서 말한 것처럼 "운명적으로 그리 되었건 혹은 당신의 잘못으로 그리되었건, 어쨌든 간에 가까운 친구를 찾지 못할 때에는 이 조그마한 책으로 벗을 삼으시오"라는 말을 되새기면서 안톤은 언제나 호주머니에 이 책을 가지고 다니면서 읽었다. 그리고 당시에 등장하고 있던 신진 작가들의 시를 읽고 외우면서 그는 매일 그들의 문체를 연구하고 자신의 스타일을 다듬었다. 달이 뜬 밤에 성곽 주위를 산책하며 떠오른 생각을 상상력과 언어 감각을 통해 시로 담아내면서 학교에서 시들을 낭송할 기회도 갖게 된다. 그러면서 안톤의 시적 재능이 도시 전체에 퍼지고 자신의 문학적인 안목도 점차로 늘어가게 되었다. 그러나 "안톤은 여전히 우울증[15]"을 떨

15) 『젊은 베르테르의 슬픔』과 『안톤 라이저』에서 '우울증'이라고 번역되어 있는 경우, 멜랑콜리, 우울한 감정, 음울한 기분 정도로 간주해야 한다. 우울증이라는 병명은 당시에는 아직 진단되지 않았고, 20세기가 되어서야 사용되기 시작한다.

쳐버리지 못했다. 아니 그는 우울증을 즐겼다". 비 오는 늦은 오후 우수에 젖어 고독하게 도시를 배회하다 아무도 없는 방에 돌아오면 그는 다시 시를 쓰곤 했다. "이제 안톤은 자신의 우울증을 막을 수 있는 좋은 방법을 알아냈다. 그것은 다시 우울증이 도지려고 하면, 비가 오나 눈이 오나 관계없이 어둠이 깔릴 무렵 바깥으로 나가 성곽 주위를 한 바퀴 도는 것이었다." 그러면 새로운 희망들이 마음 속에 생겨났고, 그의 얼굴빛과 표정이 서서히 바뀌면서 자신감과 용기를 갖게 되었고, 누군가가 자신을 놀리려고 하면 당황할 정도로 상대의 눈을 똑바로 노려볼 수도 있게 되었다.

> 그는 책을 읽느라 먹고 마시는 것을 포함해 그의 주변 세계를 거의 잊을 지경이었다. 한번은 6주 동안을 아프다는 핑계로 거의 방에서 나오지 않았다. 이 기간 동안 그는 아침부터 저녁까지 손에 펜을 쥐고 독서만 하였다. 그는 처음 시작한 것을 끝내기 전에는 쉬지 않았다. (…) 그해 여름, 비록 그의 주변 상황이 전에 비해 별로 나아진 것은 없었지만 그는 매우 즐거웠다. 적어도 안톤이 바닥에 누워 책을 읽으며 보낸 조용한 시간은 그의 인생에서 행복한 시간이었다. 또 이 무렵부터 그의 사고력이 발달하기 시작했기 때문에 그는 여느 때처럼 불행하지만은 않았다. 안톤은 자나 깨나 명상을 하였다. 이는 예전의 단순한 상상과는 달랐다. 그는 시간과 공간에 대해, 혹은 상상의 힘이 과연 어디까지 미칠 수 있을까 하

는 식의 가장 진지한 철학의 대상들만 골라 사고하였다.(위의 책, 253)

"하지만 안톤의 우울증은 예전과 다름없이 여전했다." 안톤은 이 멜랑콜리의 증상을 치료할 수는 없었지만 독서와 사색, 문학을 통해 그 증상들을 제어할 수는 있었다. 그가 죄책감과 모욕감을 극복하게 된 것은, 독서 속에서 만족을 찾으면서부터였다. 그러나 그 이후에도 수도 없이 환멸을 겪은 후에 치료제가 된 것은 결정적으로 연극이었다. 무대가 구원이라고 믿은 안톤은 자기를 받아들여줄 극단을 찾으면서 성공의 영광을 꿈꾸며 길을 떠난다. 여기에서 소설은 미완성인 채로 끝이 난다.

모리츠가 섬세하게 묘사한 고통은 바로 그의 어린 시절 상처들이었다. 그는 자신에 대한 비관적인 생각에서 빠져나오려면 타인 속으로 자신을 투사해야 한다고 알려준다. 작가가 안톤 라이저라는 이름을 부여한 사람은 곧 자신이었다. 그리고 안톤 라이저는 연극의 인물들 속으로 자기를 투사한다. 마치 고대 그리스 시인들이 연극 작품에서 다른 사람들을 모방하듯이, 모리츠는 소설 속에서, 소설 속의 안톤은 연극 속에서 고대 시인들을 본받고 있는 듯하다. 그러므로 이 작품 역시 아리스토텔레스의『문제 30-1』에 나타난 위대한 멜랑콜리의 전통을 따르고 있음을 짐작할 수 있다. 또한 창작에 몰두함으로써 무력감과 실패감, 그리고 삶에 대한 혐오감을 극복할 수 있음을 역설하고 있는 것이다.

(3) 샤토브리앙의 르네

프랑스의 소설가 샤토브리앙은 1768년에 영국과 가까운 섬 도시 생 말로Saint-Malo에서 태어나 해변의 파도 소리를 들으며 성장했다. 과묵하고 음울한 아버지와 신앙심이 깊고 멜랑콜리한 성격을 지닌 어머니 사이에서 태어난 샤토브리앙은 누나 뤼실Lucile과 함께 시골을 뛰어다니거나 고독한 몽상에 빠지는 것을 좋아했다. 그는 부드럽고 병적인 성격을 지니고 있었고, 이유 없는 슬픔과 흥분, 정념의 파도에 사로잡히는 열정적인 감수성을 지니고 있었다. 21세에는 미국 전역을 여행했고, 정치적인 이유로 런던으로 망명하여 문필생활을 한다. 후에는 대사의 비서로 임명되어 로마에 거주하는 등 정치인과 외교관의 직업을 가지는 동시에 80세에 이르기까지 계속해서 여러 편의 훌륭한 작품을 쓰고, 낭만주의 시대의 위대한 작가의 대열에 오르게 된다.

독일에서 '베르테르'가 낭만주의의 대표적 인물이 되었다면, 프랑스에서는 '르네'가 낭만주의 시대의 영웅이 되었다. 그리고 작품『르네 René』와 더불어 멜랑콜리는 새로운 지평을 보여주는데, 샤토브리앙이 참고한 18세기 의사들에 의하면 멜랑콜리의 원인은 더 이상 히포콘드리아나 뇌에서 찾을 수 없고 심장(마음)에서 찾아야 한다. 그것은 감수성과 정념과 아주 가까이에 있으므로 멜랑콜리는 감정 상태가 된다. 이 세기의 병으로 인해 젊은이들은 몽상에 몰두하고 더 이상 종교에 의지하지 않은 채 스스로를 고독한 존재로 만들게 되었던 것이다. 이렇게 하여 샤토브리앙은 프랑스의 질풍노도 운동을 일으키고, 저자 자신의 경험을 작품화하는 낭만주의 세대의 한 사람이 되었다. 그는 「정념의 파도에 대하여」라는 제목의 글에서 멜랑콜리를 병든 시대의 특징으로서 제시하였다.

> 그리스와 로마 사람들은 삶의 저 너머에 시선을 돌리지 않았고, 이 세상 보다 더 완벽한 기쁨에 대해서는 개의치 않았기 때문에 숭배 의식에 의해 사색과 욕망을 지니지 않았다. 우리의 비참함과 욕구를 위해 형성된 기독교는 지상의 슬픔과 천국의 기쁨이라는 이중의 그림을 끊임없이 제공한다. 이러한 방식으로 기독교는 마음속에 현재의 악과 저 먼 희망의 원천들을 만들어놓고, 그로부터 마르지 않는 몽상이 흘러나온다. 기독교인은 언제나 자신이 이곳, 눈물의 계곡을 지나가는 여행자이고, 무덤에서만 휴식할 수 있다고 생각한다. 이 세상은 그가 바라는 대상이 결코 될 수 없다. 왜냐하면 인간이란 며칠 살지 못하는 존재임을 알고 있기 때문이고, 이 대상은 곧 사라져버릴 것임을 알고 있기 때문이다. 최초의 신앙심 깊은 자들이 경험한 이러한 형벌은 인생의 여러 일들에 대한 혐오감을 증가시켰다. (...) 모든 곳에 성당이 세워지고, 세상에서 기만당한 불행한 이들과 잔인하게 배반당

> 한 영혼들이 거기에 칩거하게 되었다. 그러나 오늘날, 정열적인 영혼들은 수도원으로 향하던 미덕이 부족하고, 수도원은 인간 군상들에게는 낯선 존재가 되었다. 이 세기에 혐오감을 느끼고, 종교에 질겁한 이들은 세상에 들어가지 못한 채로 세상에 남아있게 되었다. 그리하여 그들은 수없이 많은 환상의 먹이가 되었고, 죄 많은 멜랑콜리가 정열 한가운데에서 만들어지는 것을 보게 되었다. 그 때에 대상 없는 정열은 고독한 마음속에서 저절로 소비되고 있는 것이다.(Lagarde, 2004:51 재인용)

샤토브리앙은 지상과 천국에 대한 기독교의 이분법으로 인해 삶에 대한 혐오감과 불만족이 증가했다고 진단한다. 18세기 이후는 인간의 이성을 도구로 하여 모든 것에 회의하고 의심함으로써 편견과 신앙에 투쟁하던 시대였다. 종교를 불신하고 세상에서도 소외된 정열적인 인간들은 종교에도 세속에도 속하지 못한 채 멜랑콜리의 질병에 걸리게 된 것이다. 사람들은 깊은 권태에 빠져들게 되었고, 그 논리적 결론은 자살이었다. 그러나 르네는 자살을 선택하지 않는데, 작가의 경험과 감정이 투영된 소설『르네』에 대해 살펴보자.

1725년 경 루이지아나의 인디언 부족인 나체즈Natchez의 양자가 된 르네는 늙은 인디언 추장 샥타스와 수엘 영감에게 자신의 이야기를 들려준다. 자기를 낳다가 돌아가신 어머니, 과묵한 아버지, 오로지 누이 아멜리와 같이 있을 때만 느끼던 편안함, 격렬하면서도 불안정한 자신의 기질에 대해 이야기한다. 아버지가 돌아가신 후에는 로마와 그리스의 고대 유물을 탐사하고, 영국, 스코틀랜드 지방과 이탈리아를 여행했으나 어떤 확실함도 아름다움도 발견하지 못한다. 프랑스에서는 도시와 시골에서 모두 고독만을 맛볼 뿐이었다.

> 처음에 나를 매혹시켰던 삶이 이내 참을 수 없게 되었다. 나는 똑같은 장면들과 똑같은 생각들의 반복이 지겨워졌다. 하여, 마음을 위로하고 원하는 것을 스스로에게 묻기 시작했다. 그러자 갑자기 숲이 달콤하게 느껴졌다. 전원으로 도피하여 간신히 시작했던 일을 끝내야겠다고 결심했다. (...) 그리하여 절대적인 고독, 자연의 광경이 거의 묘사하기 불가능한 상태 속으로 나를 밀어 넣었다. 부모도 없고, 친구들도 없이, 지상에 홀로 사랑하는 사람도 없이 나는 생명의 과잉에 짓눌려 있었다. (..) 아아, 나는 혼자였다. 지상에 홀로였다. 비밀스런 권태가 내 육체를 사로잡곤 했다. 어린 시절부터 느꼈던 삶에 대한 혐오는 새로운 힘으로 다시 돌아오곤 했다. 곧 내 마음은 무엇보다 생각으로 가득차고, 깊은 권태의 감정에 의해서만 내 존재를 인식하곤 했다.(Chateaubriand, 2007:173-177)

이러한 부정적인 감정 상태에서 그의 누이가 이해할 수 없는 이유로 그를 떠나자 자살을 결심하고 누이에게 편지를 보낸다. 편지 행간에서 자살의 기미를 눈치 챈 누이는 동생을 찾아오고 편지 한 통을 남기고는 수녀원으로 떠난다.

> 아멜리와 나는 그 누구보다도 진지하고 다감한 생각을 즐기고 있었던 것이 사실이다. 왜냐하면 우리 둘은 모두 마음 깊은 곳에 약간의 슬픔을 지니고 있었기 때문이다. 우리들은 신과 엄마로부터 그것을 물려받았다.(위의 책, 160)

> 그녀는 내가 사랑한 유일한 사람이었고, 어린 시절부터 부드러운 추억과 더불어 감정이 서로 얽힌 유일한 존재였다.(위의 책, 179)

아멜리는 동생에게 죽는 것보다는 사는 것이 더 어려우니 빨리 고독에서 나와 어떤 일이든 찾으라고 편지에서 호소한다. 르네는 마지막으로 누나를 만나러 수도원으로 가고, 고해실의 커튼 뒤에서 "죄 많은 나의 정념을 나누지 못한 동생에게 많은 은혜를 내려주십시오"라는 고백을 듣는다. 그녀는 동생을 너무도 사랑했던 것이다.

아멜리를 수녀원으로 가게 만든 운명의 원인이 바로 자신이었음을 알고 절망한 르네는 미국으로 망명한다. 후에 그는 자기 누이가 병든 사람을 간호하다가 죽었다는 소식을 듣는다. 수엘 영감은 그를 격려하여 고통스런 병을 극복하고 사회에 참여하라고 종용한다. 결국 "르네는 자기 아내에게로 돌아갔지만 행복을 발견하지는 못했다."

이렇게 르네는 낭만주의 시대에 소외와 좌절의 화신이 되었다. 르네의 사회적 상황은 불신앙의 만연과 군주제의 파괴를 목도한, 혁명적인 시대를 반영하고 있다. 르네의 병은 심리적인 상태 뿐 아니라 역사적인 맥락 속에 자리한다. "끊임없이 동요하고 있는 유럽인들은 어쩔 수 없이 고독을 세워놓았다. 우리의 마음이 동요하고 시끄러울수록, 차분함과 조용함이 우리를 매혹한다." 따라서 '정념의 파도', 즉 현대적인 병으로부터 회복되기 위해 두 가지 해결책이 제안된다. 즉, 사회적 참여와 가족에 대한 책임감이다. 르네는 누이 아멜리의 충고를 지켜, 베르테르와는 달리 자살하지 않는다. 그는 사회 속으로 들어가고 아내와 함께 한다. 하지만 그는 진정한 행복을 느끼지는 못한다.

정치적 혼란 속에서 어떤 행동을 취해야할지 몰라 방황하고, 삶의 의미와 행복을 느끼지 못하던 당시의 젊은이들은 르네에게서 자신의 모습을 발견하고 열광하였다. 세기의 병이 된 르네의 멜랑콜리, 권태, 불안, 절망이 낭만주의 시인들과 다음 세대인 보들레르의 우울spleen에서 다양한 색채를 지니고서 계속 나타나게 되는 것이다. 다음에는 시 작품 속에 나타난 멜랑콜리의 양상을 살펴보기로 하자.

2. 멜랑콜리의 시편들

(1) 키츠의 「멜랑콜리에 바치는 송가」

영국의 낭만주의 시인들 중 한 사람인 키츠(1795-1819)는 런던의 마차 대여업자 고용인의 아들로 태어나, 일찍 부모를 여의고 후견인이 운영하던 사설학교에 입학한다. 가난을 극복하기 위해 외과의사가 되려고 견습생으로 일했지만 의학에 흥미를 느끼지 못한다. 도제 실습을 하는 중에도 로마 시인 베르길리우스의『아이네이스』를 번역하는 등 문학에 몰입하여, 약제사 자격을 얻었지만 결국은 시에 헌신하기로 마음먹는다. 어린 나이에 부모를 잃고 동생의 죽음을 목격하면서 일찍이 삶의 고통과 슬픔을 경험한 그는 인간의 고통과 우울, 그리고 그 해독제로서 사랑과 영원한 아름다움을 시로 표현하였다. 매우 감성적이고 섬세한 성격의 소유자였던 키츠는 병약했고 폐결핵과 우울증을 앓았다(윤명옥, 2010:17). 키츠는 옆집에 살던 18세의 생기발랄한 소녀와 사랑에 빠져 아름다운 사랑의 시들에 대한 영감을 얻었다. 그러나 그녀와의 미래를 꿈꾸며 약혼하고, 문학에서도 성공을 거둘 즈음 심각한 폐결핵에 걸리고 만다. 치료차 로마에 체류하던 중 25세라는 젊은 나이에 사망하였다.

그의 유명한 4편의 송가(頌歌) 중「멜랑콜리에 바치는 송가 Ode on Melancholy」에서 멜랑콜리라는 제목은 의미심장하다. 그는 로버트 버턴의『멜랑콜리의 해부』를 읽었고, 멜랑콜리로 고통을 겪었다(Radden, 2000:219). 그리고 무엇보다 이 시는 아름답다. 멜랑콜리의 진정한 아름다움, 삶의 파라독스를 깨닫게 해 준다.

삭제된 이 시의 서두에는 멜랑콜리를 찾아다니는 항해가 묘사되어 있었다. 그 배는 죽은 인간의 뼈로 만들어졌고, 돛대는 유령의 교수대로 만들어졌으며, 돛은 슬픔과 피 얼룩을 꿰어 만들어졌고, 방향타는 용의 꼬리로 만들어졌다. 가장 우울하고 무시무시한 것들로 만들어진 배를 타고 주인공은 멜랑콜리의 섬을 찾아다니지만, 결국은 찾지 못한 채 항해가 끝난다(윤명옥, 2010:150). 시인은 깨달은 것 같다. 멜랑콜리는 죽음의 몰골을 하고 있지 않음을. 결국 그는 이 시의 첫 연부터 멜랑콜리를 찾아다니지 말라고 이른다.

아니, 아니, 망각의 강으로는 가지 마라.
독주를 얻으려고, 단단히 뿌리박힌 투구꽃을 비틀지도
마라.
또한 페르세포네의 주홍빛 포도인 까바중 독초를
그대의 창백한 이마에 입맞춰 상처를 입지 마라
네 주목 열매로 염주를 만들지도 말고,
딱정벌레나 유골 나방이
네 슬퍼하는 프쉬케가 되게 하지도 마라.
솜털 덮힌 올빼미가 알 수 없는 네 슬픔의
동반자가 되게 하지도 마라.

왜냐하면 그림자가 그림자에게 너무나 졸리도록 찾아와
영혼의 잠깬 고뇌를 익사시킬 것이기에.

그러지 말고, 고개 숙인 온갖 꽃들을 양육하고,
사월의 수의로 푸른 언덕을 가리는
흐느끼는 구름처럼, 하늘로부터 갑자기
멜랑콜리의 발작이 쏟아질 때면
그때는 아침 장미에서,
혹은 짭짤한 모래 물결의 무지개에서,
혹은 풍성한 둥근 작약 무리에서 그대 슬픔을 맛보라.
혹은 그대의 연인이 몹시 화를 낸다면
그녀의 부드러운 손을 꼭 잡고, 울부짖게 하라.
그리고 그녀의 비길 데 없는 눈을 깊이, 깊이 삼키라.

멜랑콜리는 아름다움과 함께 산다, 죽어야하는 아름다움과 함께,
작별을 할 때는 언제나 입술에 손을 대고 있는 기쁨과 함께
그리고 꿀벌의 입이 빨고 있는 동안
독으로 변하는 쓰라린 쾌락 가까이에서,
아, 바로 환희의 신전에
베일 쓴 멜랑콜리는 성단을 가지고 있어
예민한 입천장 위 기쁨의 포도를 강한 혀로
터트릴 수 있는 사람이 아니면 볼 수가 없다.

> 그의 영혼은 멜랑콜리의 강력한 슬픔을 맛보고,
> 그녀의 구름 낀 트로피 사이에 매달려 있게 되리라.
>
> (키츠, 2010:150-151)

1연에서 "투구꽃", "까바중 독초", "주목 열매"는 약이 되기도 하지만 독성을 지닌 식물들이다. 그러므로 그것으로 술을 만들어먹어 취하거나 살에 가까이 대거나 염주로 만들어 지니는 것은 위험한 일이다. 마찬가지로 죽은 자의 영혼에서 나오는 "나방"을 그대의 "나비(프쉬케-영혼)"로 착각하지 말고, 밤을 새워가며 이유 없는 슬픔에 잠기지도 말라. 망각의 강에 빠져버리지도 말라. 모두 지나치게 위험한 일이다. 시인은 이 모든 것들을 "그림자의 그림자"로 간주함으로써 '죽음'을 암시하는데, 다시 말해 죽음과 어둠에 매몰되고 하나가 되어 익사하지 말라는 의미이다.

2연에서, 멜랑콜리는 마치 비처럼, 그리고 구름처럼 하늘에서 갑작스럽게 쏟아지고 내려온다. 그것은 "아침장미"에, 바다의 "무지개"에, "작약 꽃"들에 내린다. 멜랑콜리는 도처에 있고, 순간적인 아름다움 속에 있다. 그리고 사랑하는 여인의 분노 속에, 부드러운 여인의 울부짖음 속에 멜랑콜리가 있다. 그러니 사랑 속의 멜랑콜리를 직시하고, 뱉어내지 말고 삼켜야한다.

"왜냐하면 멜랑콜리는 아름다움과 함께 살기" 때문이다. 그런데 그 아름다움은 불멸의 영원성이 지닌 아름다움이 아니라, 유한한 생명체라면 그 어느 것이든 지니고 있는 아름다움이다. 기쁨은 작별 속에 있고, 꿀벌이 꿀과 독을 함께 가지듯, 진리의 아이러니를 처연하게 받아들여야 한다. 시인은 멜랑콜리의 고통과 어둠을 느낀 사람만이 기쁨을 깊이 맛볼 수 있다는 것을 말하고 있다. 이 시의 마지막에 가서 멜랑콜리는 역설적으로 기쁨의 신전에서 발견되는데 ("환희의 신전에/베일 쓴 멜랑콜리는 성단을 가지고 있어"), 진정한 멜랑콜리는 우울함과 고통 속에서가 아니라, 정반대의 요소인 기쁨 속에서 발견되는 것이다. 그런데 멜랑콜리를 발견하는 일은 두려움을 회피하지 않고 정면으로 대결하는 용기 있는 사람만이 받을 수 있는 영광의 트로피이다.

(2) 보들레르의 「우울」

"멜랑콜리는 보들레르의 내밀한 동료"(Starobinski, 1989:15)이다. 멜랑콜리는 보들레르의 타고난 기질인 동시에 그의 유명한 시집인 『악의 꽃』의 주요 테마이다. 1857년에 발표되자마자 도덕성 논란을 불러일으킨 이 시집으로 인해, 보들레르는 기소되어 벌금을 물고 6편의 시가 삭제 명령을 받았다. 대조적인 의미라고 할 수 있는 '꽃'과 '악'의 대담한 결합과 불경스러운 시의 내용이 사람들에게 충격을 주었던 것이다. 여기에서 '꽃'은 악에서 피어난 꽃이고 악에서 정수만을 추출해낸 아름다움을 의미한다. 그리고 '악mal'이란 프랑스어에서 죄악뿐 아니라 병, 혹은 고통을 의미한다. 그렇다면 악의 꽃은 병든 꽃이기도 하다. 작가의 개인적인 정념과 감정을 표현하는데 주력했던 낭만주의 이후의 세대인 보들레르는 예술 창작과 개인적 삶의 고통에서 비롯되는 자기 내면의 온갖 병들고 고통스러운 감정들과, 아름다움과 이상을 추구하려는 시도들을『악의 꽃』이라는 시작품을 통해 드러내었다.

그런데 보들레르는 멜랑콜리라는 단어를 시 속에서는 거의 사용하지 않았다. 그는 오히려 'spleen'이라는 영어 단어를 사용했다.『악의 꽃』의 첫 부분인 <우울과 이상 Spleen et Idéal> 에 실린 4편의 시는 'Spleen'이라는 똑같은 제목이 붙어 있고, 산문시집의 제목은『파리의 우울 Spleen de Paris』이다. 그는 영국의 낭만주의자들이 이미 사용했던 spleen이라는 용어와 테마를 다시 취하면서 동시대인들이 선호하던 영국 취향의 유행을 따라하는 듯하다. 하지만 spleen은 보들레르에게는 멜랑콜리, 불안, 불운, 권태 등의 의미를 지닌다. 그것은 영혼의 고통, 실존적인 불안, 형이상학적인 고뇌, 세상과 자기 자신에게 적응하지 못한다는 감정으로서 샤토브리앙이『르네』에서 '정념의 파도'라고 말했던 것과 유사하다. 그리고『악의 꽃』전체에 걸쳐 등장하는 분위기이자 은유로서, spleen은 "만성적인 무기력과 권태, 우울에 시달린 자신의 검은 삶을 적절하게 담아내기 위해서"(이진성, 2003:184) 택한 단어이다. 악의 꽃의 <우울과 이상>에 등장하는 우울Spleen이라는 제목을 가진 네 편의 시들 중 마지막 시를 살펴보기로 하자.

낮고 무거운 하늘이 뚜껑처럼
오랜 권태에 시달려 신음하는 정신을 내리누를 때,
지평선 사방을 감싸며
밤보다 더 음침한 검은 빛을 퍼부을 때,

땅은 토굴로 바뀌고,
거기서 '희망'은 박쥐처럼
겁먹은 날개를 이 벽 저 벽에 부딪히고,
썩은 천장에 제 머리 박아대며 날아다닐 때,

끝없이 쏟아지는 빗발은
거대한 감옥의 쇠창살을 닮고
소리 없는 더러운 거미떼가
우리 머리 속 깊은 곳에 그물을 칠 때,

갑자기 종들 성나 펄쩍 뛰며
하늘을 향해 무섭게 울부짖는다.
악착같이 불평하기 시작하는
정처없이 떠도는 망령들처럼.

- 그리고 북도, 음악도 없는 길고 긴 영구차들이

내 넋 속에서 서서히 줄지어 가고,
'희망'은 패하여 눈물짓고, 포악한 '고뇌'가
숙인 내 머리통에 검은 기를 꽂는다.

(보들레르, 2003:163-164)

키츠의 「멜랑콜리에 바치는 송가」가 삶의 본질로서 멜랑콜리의 아름다움을 묘사했다면, 위의 시는 희망의 패배와 멜랑콜리와 고뇌의 승리를 선언하고 있다. 시연이 계속됨에 따라 병이 점차로 악화되는 분위기가 느껴지고, 신경병의 위기가 고조되는 것 같다. 하늘이 정신에 무겁게 내려와, 지평선 가득 검은 빛을 퍼붓고, 땅은 더 낮아져 토굴이 되고, 토굴에 갇힌 희망은 상승하려 파닥거릴 뿐이다. 빗발이 내리 쏟아지는 가운데, 머릿속은 거미 떼로 우글거리는 듯 고통스럽다. 이 때 격렬하고 무질서하게 터져 나오는 질병의 위기. 그리고 곧 긴장은 이완된다. "갑자기 종들 성나", "하늘을 향해 무섭게 울부짖는다." 그러나 그 긴장의 이완은 해방감을 가져다주지 않는다. 왜냐하면 고뇌가 승리하여 그 이후로는 영혼을 지배하고 영혼은 이상을 향한 열망을 포기하기 때문이다. 죽음과도 같은 영구차들의 행렬이 넋 속에서 이어질 뿐, 희망은 패하여 눈물짓고, 포악한 고뇌가 머리 속에 승리의 검은 깃발을 꽂았기 때문이다. 풍부한 시각적 이미지들과, 강렬한 청각적 이미지들을 사용한 공감각적 표현, 그리고 암시의 효과를 통해 이 시는, 인간 내면에서 일어나는 음울한 정신적 상태를 더할 나위 없이 잘 묘사하였다.

보들레르가 태어날 때 아버지는 64세였고 어머니는 26세였다. 출생 상황부터가 비범하다. 보들레르가 6세였을 때 아버지가 돌아가시자 1년 후에 재혼한 어머니와 그의 의붓아버지 오픽 장군에게 보들레르는 오이디푸스적 감정을 품는다. 낭비벽과 음주, 예술애호가로서의 화려한 생활로 인한 가산 탕진, 혼혈 여인 잔 뒤발과의 평생에 걸친 운명적인 애증의 관계는 잘 알려진 사실이다. 그 중 보들레르의 삶에서 가장 무거운 중압감과 압박감을 일으킨 사건은 무절제한 지출로 인해 22세에 법적 후견인에게 재산관리권을 박탈당했던 일이다. 그는 이 금치산 선고로 인해 평생 자존심에 상처를 안고 살았고, 좌절감에 자살을 시도하기도 했다. 그러나 여러 편의 미술 비평과 시와 산문 작품은 그의 천재성을 보여주는 증거이다. 20세 무렵에 미국의 시인인 에드가 알렌 포우Edgar Allen Poe의 작품을 발견하고, 그의 산문작품들을 프랑스어로 번역하여 유럽에 소개함으로써 많은 시인들에게 영향을 준다. 보들레르는 자신과 마찬가지로 멜랑콜리 기질자로서 알콜중독과 폐결핵의 고통을 겪었던 포우의 불행한 삶과 천재적인 작품에 매료되었던 것이다. 보들레르는 알콜 뿐 아니라 오피움이나 하시시 같은 마약을 복용하기도 하면서, 마음을 무겁게 짓누르던 빚과 정신의 고뇌를 잠재우려 했지만 헛일이었다. 그는 약물남용과 매독으로 인한 반신마비 증세를 일으켜 46세의 나이로 사망했다. 보들레르의 우울spleen보다 허무감에 더 가까운 것은 없다.

(3) 베를렌의 「사투르누스의 시」

낭만주의 문인들과 보들레르의 영향을 받은 프랑스의 시인 베를렌(1844-1896)은 22세에 첫 시집인 『토성시집Poèms saturniens』을 발표한다. 제목에서부터 사투르누스(토성)의 별자리와 멜랑콜리가 관계되어 있음을 짐작할 수 있다. 본인이 사투르누스의 별자리에서 태어났고, 실제로도 멜랑콜리 성향을 타고난 베를렌은 이 시집에서 <멜랑콜리아>라는 소제목 하에 우수와 멜랑콜리를 밀도 있게 묘사한 7편의 시들을 모아놓고 있다. 이 시집의 권두시를 살펴보자.

> 요즘 현인들만큼이나 소중한 옛 현인들은
> 하늘에서 행복과 불행을 읽을 수 있고
> 하나의 영혼은 하나의 별과 연결되어 있다고 믿었다
> - 아직 분명히 밝혀진 것은 아니다 -
> (많은 사람들이 밤의 신비에 대한 설명을
> 조롱했다, 웃음이란 기만적일 뿐 아니라
> 우스꽝스럽다는 건 생각지도 않은 채.)
> 그런데 옛 마법서에 따르면,
> 점성술사에게 소중한, 야수의 별,
> 토성의 별자리에서 태어난 이들은 모두,
> 상당한 불행과 상당한 담즙을 지니고 있다.

과도하고 약해진 상상은
그들에게서 이성의 노력을 無로 만들어버린다.
그들의 혈맥 속에서 피는 마치 독약처럼 미묘하고
무너져 버릴 슬픈 이상(理想)은 용암처럼 불타고,
지글거리며 흐르고 구르고 있다.
토성의 운명을 타고난 이들은 이처럼 고통스럽고 이처럼
죽어가야 한다. - 비록 우리는 죽어야할 운명이라 해도-
그들 삶의 계획은 해로운 영향의 논리에 따라
한 줄 한 줄 그려져 있다.

(베를렌, 1996:21)

위의 시에서 베를렌은 르네상스 시대의 피치노 이래로 이어져온 사투르누스와 멜랑콜리의 위대한 전통을 다시 잇고 있다. 그는 "옛 현인들"의 지혜를 받아들여 토성의 별자리에서 태어난 이들이 멜랑콜리하다는 것을 이해하고 믿었다. "검은 담즙"과 "불행"을 타고난 자신의 상상력은 과도하게 쉼없이 자극을 받는다. 그는 "죽어가야 할 운명"을 인식하지만 또한 "이상"을 추구한다. 그 이상은 완성될 수 없으므로 "무너져 버릴 슬픈 이상"이다. 그는 고통스럽게 자신의 이상을 추구하며 죽어가야 하는 운명이다. 그러나 토성의 영향을 받는 '위대한 멜랑콜리'의 개념을 견지하고, 자신 속에서 멜랑콜리의 위대한 역사가 이어지고 있음을 암시한다. 베를렌은 과도한 상상력과 불타는 정념으로 인해 고통 받는 시인의 운명을 분명히 인식하고, 자신의 운명과 창조적 소명을 거부하지 않은 채 죽기 전까지 시작업에 몰두했던 것이다.

어머니가 아이를 세 번 사산한 끝에 간신히 낳은 아들이었던 베를렌은 20세 무렵부터 독한 술을 마시기 시작하는데, 아마도 타고난 멜랑콜리의 불안정한 기질과 내면의 슬픔을 피하고 싶어서인 듯하다. 22세에 아버지가 돌아가시고, 어머니처럼 사랑하던 사촌 누이의 죽음을 겪으면서 그의 음주벽은 심해진다. 무분별함과 폭력을 동반하는 음주와 정신적 위기는 그의 삶을 고통으로 몰고 가, 심지어 어머니와 아내, 아기에 대한 폭력 행사로도 이어진다. 그 절정은 천재 시인이자 역시 멜랑콜리 기질자인 아르튀르 랭보Arthur Rimbaud(1854-1891)와의 만남과 가출, 랭보와 함께한 벨기에와 영국으로의 도피 여행이었다. 2년 남짓한 기간 계속된 두 시인의 동반 생활은 문학적인 면에서는 걸출한 시집의 탄생이라는 결실을 창출하지만, 개인적 삶을 댓가로 치르고 얻어진 것이었다. 베를렌은 랭보와 헤어져 가정으로 돌아가고 싶어 했으나, 자신을 떠나려 하지 않는 랭보에 대해 총격을 가함으로써 두 사람의 우정은 파탄을 맞이하고 베를렌은 감옥에 갇히며, 이 추문으로 인해 파리의 문단에 받아들여지지 못한다. 그 이후 베를렌의 삶은 문단에 복귀하려는 열망과 실패, 시도와 좌절 등 고군분투의 연속이었다. 계속되는 음주, 빈곤과 류마티즘을 앓는 육체적 질병의 고통 가운데서도 그는 삶의 마지막까지 펜을 놓지 않았다.

3. 멜랑콜리의 새로운 용어

(1) 피넬

『정신적 소외에 대한 의-철학적 치료 Traité médico-philosophique sur l'aliénation mentale』라는 피넬 Pinel(1745-1826)의 저서는 멜랑콜리에 대한 인식의 혁명을 일으켰고, 이 저서가 발표된 1800년은 정신의학이 탄생한 해로 간주되었다. 파리의 유명한 살페트리에르 Salpêtrière 병원의 의사였던 피넬은 고대의 저서들을 많이 읽었던 독서가였다. 피넬은 '멜랑콜리의 원인은 무엇보다도 정신적인 것이다'라는 확신에 근거한 철학적 방법을 주장하여 광기에 대한 전통적인 의학에 쇄신을 가져왔다. 그에 의하면, 환자의 생각을 지배하면서, 착란으로 이끌어가는 정념을 정복하고, 정신에 기생하는 한 가지 생각을 없애버리는 것이 멜랑콜리 치료의 목표였다. 우리가 고대로부터 이어온 멜랑콜리에 대한 역사에서 살펴본 대로, 과거와 당시의 의사들은 검은 담즙이 육체에 존재한다고 생각했던 것이다. 피넬은 신체적인 치료방법과 약물 치료뿐 아니라 정신적인 치료에 의해 음울한 강박관념들로부터 환자를 구해내려고 노력했다는 점에서 이전의 의사들과는 달랐다. 환자들에게 변화를 유발하고 변화를 지속시키기 위해서는 감정과 습관에 영향을 주고 생생하고 깊은 감동을 주는 것이 필요하며, 슬프고 멜랑콜리한 생각들을 피하고 행복한 기분전환을 일으켜야 한다. 다시 말해 피넬은 의사에게 '정념의 전문가'(Hersant, 2005:692)가 되기를 요구한다.『멜랑콜리』의 일부를 읽어보자.

> 멜랑콜리를 질병으로 간주하기 이전에, 멜랑콜리 기질이라고 할 수 있는 신체적이고 정신적인 경향을 실제 우리 지식에 비추어 인정할 것인지 검토해야 한다. 갈레노스주의가 이 기질의 수많은 예들을 보여주었지만 이는 잘못된 이론을 바탕으로 한 것이었다. 멜랑콜리 기질의 일반적인 특징으로서, 검은 담즙의 잉여 체액, 거무스름한 갈색 낯빛, 마르고 메마른 육체, 어두운 침묵 등을 예를 들고 있다. 하지만 유명한 멜랑콜리 기질자들의 공적이고 사적인 생활에 대한 이야기가 우리에게 전하는 세세한 사항들 속에서 보다 정확하고 적확한 개념을 찾아야 한다. 미술, 과학, 철학 혹은 명상 생활에 종사하는 멜랑콜리한 수많은 유명인사들의 예를 인용할 수 있다. 그리고 이해의 순수한 즐거움, 올바른 도덕의 조용함, 평화로움이 자연적인 멜랑콜리와 균형을 이루었던 예도 찾을 수 있다.(위의 책, 694)

타고난 멜랑콜리 기질을 가지고서도 각 분야에서 업적을 이루어낸 인물들을 역사와 사실에서 찾아내면서, 피넬은 멜랑콜리가 생길 수 있는 외부적이거나 내부적인 영향을 조기에 찾아내고 치료할 수 있다는 입장을 취한다. 그에 의하면 일차적인 멜랑콜리 성향이 없음에도 멜랑콜리에 빠지게 할 수 있는 상황들은 슬픔, 두려움, 기계적인 일, 활동적인 삶의 중단, 격렬한 사랑, 과도한 쾌락, 술과 담배의 남용, 치료하지 않고 내버려둔 질병, 과도한 호르몬 등이다(위의 책, 2005:695).

따라서 멜랑콜리에 대한 치료는 무엇보다 "정신을 지배하고 있는 단 하나의 생각을 파괴하는 것"이다. 그 생각을 알아내고 제압하고, 부차적인 처치를 해야 한다. 멜랑콜리를 근본적으로 낫게 하는 것은 불가능하지만, 징후들과 원인을 알아내는 것이 중요하다. 슬픔과 불안, 격렬한 감정으로 인해 고통 속에서 살게 될 때는 상황을 바꿔야 한다. 어떤 일에 몰두하거나 운동으로 몸을 강하게 만들고 육체를 피곤하게 하거나, 안 좋은 생각을 몰아내기 위해 평온한 생각들로 대치하는 것이다. 승마, 운동, 거주지역의 변화, 여행, 소그룹의 친밀한 모임, 그리고 가장 좋은 것은 음악이라고 하였다.

(2) 에스키롤

피넬의 제자인 살페트리에르 병원의 의사 에스키롤 Esquirol(1772-1840) 역시 멜랑콜리에 대한 전통의학에 의문을 제기한다. 그는 『멜랑콜리』라는 저서에서, 피넬이 강조하였던 멜랑콜리의 주요 원인인 '단 하나의 지배적인 생각'에 중요성을 부여하고 스승의 생각을 발전시켜 멜랑콜리를 '편집증monomanie'이라는 새로운 용어로 대치할 것을 주장하였다.

히포크라테스 이후로, 많은 저자들은 오래 지속된 두려움과 슬픔을 지니며, 열은 나지 않은 상태에서 부분적 망상을 동반하는 질환에 멜랑콜리라는 이름을 부여해왔다. 이 이름은 이러한 광기에 붙여졌는데, 갈레노스에 의하면, 정신적으로 슬픈 감정들은 담즙의 결핍에서 비롯되며, 이 담즙이 검게 되고 생명체의 정신을 흐리게 한다는 것이다. 현대의 여러 사람들은 멜랑콜리라는 단어를 좀 더 확장시켜, 열없이 만성적이고, 부분적인 망상으로 지칭했다. 고대의 의미에서 비롯된 멜랑콜리라는 단어 자체는, 잘못된 생각을 정신에 부여하는 것이 확실하다. 왜냐하면 멜랑콜리(라는 병)가 담즙의 성격에 항상 좌우되는 것은 아니기 때문이다. 이러한 명칭은 현대인들이 정의하는 대로의 멜랑콜리(라는 병)에 적합하지 않다. 이러한 이중성을 고려하여, 나는 편집증이라는 용어를 제안했다. 이것은 멜랑콜리의 핵심적인 특징을 표현하고 있다. 이 용어는 일반적으로 받아들여졌고 오늘날 많은 의사들이 채택하고 있다.

한 개인이 지닌 슬픔의 습관적인 상태를 표현하기 위해 일상 언어에서 차용한 멜랑콜리라는 단어는, 도덕가들과 시인들에게 넘겨주어야 한다. 그들은 의사들처럼 용어를 엄밀하게 사용하지 않아도 되기 때문이다. 이러한 명칭은 간장(肝臟)의 체계가 지배적인 체질과 고정된 생각과 슬픔에 좌우되는 성향을 가리키기 위해서 사용될 수 있고, 반면에 편집증이라는 단어는 병적인 상태를 표현해야 할 것이다.(위의 책,

713-714)

에스키롤의 위의 제안으로부터 멜랑콜리는 철학과 문학에서 다루는 질병으로 제한되고 의학 분야에서는 새로운 명칭의 필요성이 대두된다. 에스키롤은 "이 질병을 깊이 이해하기 위해서는 인간 정신사의 전개·발전 과정을 알아야하는데, 이 질병의 원인과 성격은 지성의 발달과 연관되어 있고, 과학의 발견과 혁신, 예술의 창조와 깊이 관계되기 때문"(위의 책, 713)이라고 한다. 그는 멜랑콜리의 개념에 관한 의학의 역사를 고대로부터 당시까지 서술하면서, 편집증을 두 가지로 구분한다. 하나는 광기와 같은 격분을 보이는 광적인 멜랑콜리이고, 다른 하나는 고대인들이 말하는 멜랑콜리로서 슬픔의 광기이다. 후자의 경우에 그는 '슬프다'라는 그리스어 '리페lype'를 사용하여, '리페마니아lypemania'라는 용어를 대담하게 제안한다. 그러나 새로운 명칭 하에서도 고대의 개념은 여전히 남아있는데, 히포크라테스의 슬픔과 두려움, 루푸스가 말한 하나의 고정된 생각, 그리고 스토아학파의 도덕이론들이 포함되어 있는 것이다. 19세기 말에 크레펠린에 가서야 멜랑콜리에 대한 현대적 개념이 비로소 등장하고 정신의학은 독자적인 길을 가게 된다.

VII

현대 :
멜랑콜리와 양극성 장애

우리가 살고 있는 시대인 '현대'는 과학기술 분야의 혁명적인 변화로 인해 인류의 생활과 사고방식이 크게 바뀐 19세기 말과 20세기 초에 시작된다. 이제 멜랑콜리라는 단어는 더 이상 과거의 멜랑콜리가 아니다. 이미 19세기에 에스키롤이 멜랑콜리라는 단어를 시인과 도덕가에게 양보하자고 제안했고, 편집증이라는 용어로 대치하려 한 바 있음을 앞 장에서 살펴보았다.

이번 장에서는 멜랑콜리가 고대로부터 이어져온 다양한 정신-신체적 증상으로부터 소위 우울증과 조울증으로 인식되어가는 추이를 살펴보기로 한다. 멜랑콜리의 현대적 개념은 에밀 크레펠린Emile Kraepelin이라는 위대한 정신의학자의 질병 분류에서 확립되고, 20세기 인류지성사에 혁명적인 변화를 가져온 프로이트에 와서 절정에 달한다. 프로이트 이후 정신의학은 그 이전과는 비교할 수 없을 정도로 발전된 전문 분야가 되었으므로 비전문 분야인 문학에서 다루기에는 어려운 주제가 되었다. 본 장에서는 멜랑콜리를 다룬 프로이트의 유명한 논문인 「애도와 멜랑콜리」만을 살펴보고자 한다. 이 논문은 오늘날에도 여전히 정신의학자들과 심리학자들, 그리고 예술가들에게 영감을 주고, 논쟁의 주제가 되고 있는 탁월하고도 중요한 저술이다. 이전의 멜랑콜리에 관한 서술과 비교할 때 어떻게 다른지 이내 알아낼 수 있을 것이다.[16)]

또한 고대로부터의 멜랑콜리의 전통을 잇는 문학·예술 작품들은 20세기 이후에도 여전히 수없이 많이 등장하였으므로 작품들을 일일이 열거하려면 많은 지면을 할애하여야 한다. 우리는 회화 분야에서는 뭉크Munk의 작품과, 문학 분야에서는 사르트르Satre의 소설 작품을 살펴보기로 한다. 뭉크와 사르트르는 모두 자신이 멜랑콜리의 성향으로 고통받았고, 자신의 고통을 작품으로 승화시킨 위대한 멜랑콜리 예술가와 작가의 대열에 서 있다. 두 사람의 회화 작품 및 소설 작품은 르네상스의 화가 뒤러의 <멜랑콜리아 I>의 영향을 받았고, 또 이를 현대적으로 다시 작품화했다는 점에서

16) 현대에는 뇌 과학의 발달로 인해 정신질환은 뇌 신경세포의 신경전달물질 이상에서 발생하는 것으로 밝혀져 있다. 뇌는 수백만 개의 뉴런으로 이루어져 있고, 각각의 뉴런들은 각기 다른 전기화학적 상호작용을 하면서 신경전달물질이라는 다수의 화학물질을 방출한다. 우울증이나 양극성 장애의 최우선적 치료는 약물을 사용하여, 교란된 이 물질들의 균형을 맞추는 것이다. 1990년대 이후로 우울증과 양극성 장애를 비롯한 정신질환에 대한 연구와 치료법이 쏟아져 나오고 있으므로 의학에서는 더 이상 과거의 치료법을 지지하지 않는다.

우리의 논의에 포함시켰다.

아울러 아리스토텔레스가 제기한 '위대한 멜랑콜리'의 전통을 현대 의학의 관점에서 서술한 저서 한 권을 추가하기로 하자. 멜랑콜리는 고대부터 의학, 철학, 문학 등 여러 학문 분야가 같이 논의한 주제였다. 멜랑콜리와 문학가의 창조적 기질의 관계를, 현대 의학과 문학의 융합된 지식으로 풀어간 정신의학자 케이 레드필드 재미슨Kay Redfield Jamison의 저서를 살펴보면서 우리의 긴 논의를 완결 짓고자 한다.

1. 크레펠린의 분류

독일의 의학자 에밀 크레펠린(1856-1926)은 '근대 정신의학의 아버지'로 불린다. 그는 피넬과 에스키롤 보다 훨씬 더 자세하고 체계적인 방식으로 멜랑콜리에 대해 기술했다. 그의 정신 질환 분류와 서술은 『정신의학개론 Compendium』(1883)으로 처음 출판된 후, 1927년까지 아홉 번 재출판된다. 이 책에 광범위하게 분류되고 서술된 조발성 치매(정신분열병)와 조울증manic-depressive insanity에 대한 연구는 정신의학 분야에서 위대한 업적으로 간주되어, 독일의 정신의학 분류와 미국 정신의학 협회의 '정신 장애의 진단 및 통계 편람Diagnostic and Statistical Manuals, DSM' 및 세계보건기구의 '국제 질병분류International Classification of Diseases, ICD'에 커다란 영향을 끼쳤다(Radden, 2000:260).

그의 저서『조울증』에 나타나 있는 멜랑콜리에 대한 서술 구조는 광범위하다. 심리적 징후들, 신체적 증상들, 조증 상태, 울증 상태, 혼합된 상태, 기본 상태, 진전 과정, 진단, 원인, 처방, 치료 등 그는 질병의 모든 양상들을 세심하고 주의 깊게 설명한다.

크레펠린에 의하면 우울증 상태는 환각과 착란의 존재 유무에 따라 '단순한 멜랑콜리아'와 '중한 멜랑콜리아'로 구분되고, 관계된 생각의 내용과 일관성에 의해 '편집적 멜랑콜리아'로 불리며, 환상적 착란의 유무에 따라 '환상적 멜랑콜리아'와 그보다 더 심한 상태인 '착란적 멜랑콜리아'라고 명명되었다.

> 의식을 혼란시키는 심각한 환상을 동반하는 우울증의 착란 상태들, 즉 착란적 멜랑콜리아에서는 다양하게 변화하는 끔찍한 망상들, 그리고 혼란스런 망상들이 전개된다. 사람들의 외모가 변하고 얼굴이 뒤틀린다. 마치 방황하는 망령들 같다. 어떤 환자에게 아내는 '이상하게' 보인다. 실수는 가장 가까운 사람들이 저지른 것이다. 낯선 사람을 사랑하는 사람으로 잘못 생각한다. 어떤 여성은 자기 남편이 미쳤다고 믿고 있다. 그 환자는 성모 마리아와 아기 예수를 보고, 성령, 악마, 검으로 영혼을 죽이려는 사람들을 본다. 모든 이들이 슬퍼하고 있다. 누군가 죽었어야 한다. 구름이 내려앉는다. 불과 불꽃이 위로 올라가고, 건물들이 불타고 사람들이 다친

> 다. 대포가 위로 들려진다. 창문들이 둥글게 돌고 있다. 하늘이 떨어지고 있다. (...)
>
> 이러한 병의 지속은 광기의 상태보다 통상 더 오래간다. 며칠에서 십 년 이상까지 변동이 심하다. 음울한 현상의 소강상태는 병의 지속성의 변동에 따라 언제나 일어나는 현상이다. 참을 수 없다고 불평하며 불만족스러워하는 행동이, 안절부절못하며 계속 도망치려는 시도와 동시에 발생하는 일이 흔히 일어난다. 이것은 아마도 가벼운 조증의 혼합과 관계되어 있는 것 같다.
>
> 우울증이 현저히 빨리 사라져버리면, 조증의 공격이 준비되고 있음이 분명하다. 의사는 신체 상태가 호전되고 있음을 매우 뚜렷하게 관찰할 수 있지만, 반면에 환자는 조금도 편안하지 않고, 실제로는 이전보다 더 악화되고 있다고 느낀다. 그것은 아마도 병의 정점에 있을 때보다는 자연스런 감정의 스트레스가 되돌아왔을 때, 환자가 병을 보다 분명하게 인식하게 된다는 사실과 관련되어 있을 것이다. 그 후에 편안하다는 느낌이 증가하여 우울증을 대체하게 된다. 그러나 진짜 극심한 정도는 아니라도 이것을 우리는 조증의 표시로 간주해야 할 것이다.(Radden, 2000:275-277)

19세기 후반에 독일은 크레펠린의 기념비적 공헌에 힘입어 유럽 정신의학의 중심으로 등장하게 되었으며, '조울증'이라는 용어는 현재에도 통용되고 있다.

2. 프로이트의 「애도와 멜랑콜리」

크레펠린과 같은 해에 태어난 지그문트 프로이트(1856-1939)는 정신분석학의 창시자이다. 그는 인간의 마음에는 본인이 의식하지 못하는 과정, 즉 무의식이 존재한다는 것을 발견하여 20세기 정신문화사에 지대한 업적을 남겼다. 20세기의 사상가로 프로이트만큼 큰 영향을 끼친 인물은 없으며, 심리학, 정신의학에서뿐만 아니라 사회학, 문학, 예술 분야에도 큰 영향을 끼친 인물임은 널리 알려져 있다.

프로이트는 「애도와 멜랑콜리」라는 논문에서, 사랑하는 사람을 잃은 애도의 감정과 자기혐오감에 빠져 치료를 요하는 멜랑콜리를 비교하였다. 원제목 '애도와 멜랑콜리'가 우리나라에서는 '슬픔과 우울증'으로 번역되어 있다. '애도'란 이별과 별리, 혹은 상실에서 야기된 슬픔과 슬픔의 지속 과정까지를 의미하므로 단순한 '슬픔'과는 의미가 좀 다르다. 여기서 프로이트가 말하고 있는 '멜랑콜리'는 우울증에 가깝다. 그러나 '조증'이라는 기분 상태도 표현되어 있으므로 '멜랑콜리'라는 원제목에 충실하기로 하자. 프로이트는, 사랑하는 사람을 잃었을 때(혹은 사랑의 실패나 이상 추구의 실패에 직면하여) 애도의 슬픔을 겪는 경우에, 어떤 사람은 일정 시간이 흐르면 극복하는 반면, 어떤 사람은 멜랑콜리의 상태에 빠져버리는 이유가 무엇인지 알고 싶었다. 애도와 멜랑콜리는 비슷한 점이 있다. 양자 모두 슬픔에 잠겨 외부 세상에 대한 관심이 사라지고, 사랑할 수 있는 능력을 상실한 결과 활동에 많은 제약을 받는다. 그러나 애도에서는 자존감이 상실된다든가, 벌 받을 것을 기대한다는 생각은 찾아볼 수 없다. 멜랑콜리 환자는 대상의 상실에서 비롯된 자아감의 상실로 고통스러워한다. 멜랑콜리는 실패한 애도라고도 할 수 있다. '자기 비난'으로도 정의되는 멜랑콜리는 실제로는 주위사람을 비난의 목표로 하고 있다는 사실을 밝혀내었다는 데에 프로이트의 통찰력이 있다. 이전 시대의 의사들이나 심지어 크레펠린조차도 멜랑콜리의 현상들을 분류하고 기술하는 데 그쳤던 반면, 프로이트의 밀도 있는 글을 읽어보면, 멜랑콜리의 원인이 보다 논리적이고 정교하게 증명되고 있음을 알게 된다.

「애도와 멜랑콜리」에서 프로이트가 증명한 것은 멜랑콜리의 병리에서 드러나는 사랑의 대상에게 느끼는 '양가감정 ambivalance[17]'의 중요성이다. 애도의 과정에서는 대상 상실

17) ambivalance: 이 단어는 프로이트에게서 처음에는 '애증병존'의 개념으로 사용되다가 1910년부터 '양가감정'의 개념으로 사용되었다. 애증병존이란 어떤 대상에게 사랑과 증오를 동시에 품는 경우이다. 사랑하는 사람에게는 더 많은 것을 바라게 되고 그것이 만족되지 못했을 때 미움이 생길 가능성이 더 많아진다. 양가감정이란 통상적인 애증의 관계와 다르다. 일반적인 애증 관계가 두 개의 서로 다른 감정이 병존하는 경우라면 양가감정 속에는 사랑과 증오가 구분되지 않은 채 일치되어 있다. 이것은 보다 원초적인 구강기 상태로 정신이 퇴화한 결과라고 한다. 즉, 젖을 빠는 아기가 자신과 젖을 주는 엄마(대상)을 구분하지 못하듯이 멜랑콜리 환자는 사랑과 증오를 분리시키지 못하고 일치시킨다는 것이다.(맹정현, 2015: 91-98 참조)

의 슬픔을 현실적으로 의식할 수 있어서 시간이 지남에 따라 대상에게 집중되었던 에너지를 서서히 거두어들이게 되는 반면에, 멜랑콜리는 슬픔의 병리적인 상태이며 의식하지 못한 채 우울증으로 진전된다. 사랑의 대상을 상실하면 슬픔을 경험하지만 멜랑콜리의 근저에는 보다 복잡한 심리작용이 관계되어 있다. 사랑의 대상이 죽었을 때(혹은 사랑에 실패했을 때), 자아의 상실이 나타나는 이유는 사랑의 대상을 자기애적으로 동일시했기 때문이다. 다시 말해 현실에서 사랑하는 대상에게 사랑을 받지 못했을 때, 그 대상에 대한 집착이 너무도 강하면 그에 대한 심리적 에너지를 다른 대상으로 옮기거나 철회할 수 없다. 이 때, 그 에너지(리비도)를 자기 자신에게로 돌린다는 것이다. 즉, 사랑하는 대상을 자신과 동일시하여 자기애(나르시시즘)를 만족시킴으로써, 사랑의 대상은 상실하였지만 사랑의 관계는 지속시킬 수 있다. 프로이트는 사랑하는 대상을 선택할 때부터 이미 자기애의 만족이 개입되어 있었기 때문에 이 동일시의 과정이 일어날 수 있다고 보았다(프로이트, 1997:251-253참조). 사랑하는 사람(대상)은 나와 동일시되었으므로, 사랑하는 대상의 상실은 필연적으로 자아 상실로 이어진다. 자기비난, 불면증, 식사 거부 등의 우울증 증세는, 그러나 결국 사랑하는 대상에 대한 양가감정인 사랑과 증오를 동시에 내포하고 있음을 포착할 때 분명히 인지될 수 있다는 것이다.

...멜랑콜리는 애도처럼 사랑하는 대상을 현실에서 잃었다는 것에 대한 반응이면서, 다른 한편으로는 그것 이상의, 즉 애도라는 정상적인 심리상태에는 없는, 혹 있다하더라도 그 정상적인 애도의 심리를 병리적인 애도로 전환시킨 어떤 결정적인 요인이 두드러지게 나타나는 증상이라 할 수 있다. 사랑 대상의 상실은 사랑 관계에서 양가감정의 감정이 분명하게 제 모습을 드러낼 수 있는 절호의 기회가 된다. 강박신경증에 잘 걸리는 기질인 경우, 양가감정에 따른 갈등이 애도를 병리적인 증상으로 탈바꿈시키며, 그 병리적인 애도는 애도하는 사람 자신이 사랑하는 대상의 상실에 책임이 있고 또 그렇게 원했다는 식으로 자신을 비하시키는 자기 비난의 형태로 표출된다. 사랑하는 사람이 죽었을 경우 그에 뒤따르는 그와 같은 우울증적 억압 상태는 리비도의 퇴행적 철회가 없는 경우라도 양가감정에 따른 갈등의 결과가 어떻게 나타나는지를 잘 보여준다. 멜랑콜리에 있어서는 그 질병 발발의 계기에 죽음과 같은 분명한 상실의 경우 이외에 냉대를 당하거나 무시를 당하고, 혹은 실망감을 느끼는 모든 상황이 포함된다. 그런 상황도 사랑과 미움이라는 서로 대립되는 감정들을 그 관계 속에 삽입시키거나 기존에 이미 존재하고 있는 양가감정의 심리 상태를 더욱 강화시킬 수가 있기 때문이다. 때론 현실 경험에서 비롯되기도 하고 때론 기질적인 요인에서 생기기도 하는 이런 양가감정에 따른 갈등은 결코 그냥 지나쳐서는 안 되는 주요한 멜랑콜리의 전제 조건이다. 만일

대상에 대한 사랑이 나르시시즘적인 동일시 속에 숨어 버린다면 그 동일시에 의한 대체 대상에 증오가 작용하게 되면서 그 대상을 욕하고, 비하시키고, 고통 받게 만들고, 그리고 그런 고통 속에서 가학증적인 만족을 이끌어 내게 된다.(위의 책, 254-255)

프로이트에 의하면 멜랑콜리한 사람은 자기를 괴롭히면서도 즐기는 듯 보이는데, 이것은 어떤 대상을 향한 가학증과 증오 속에서 만족을 느끼는 것과 다를 바 없다고 한다. 그런데 실은 그것이 바로 이미 주체 자신의 자아에게로 돌려진 가학증과 증오라는 것이다. 따라서 멜랑콜리에서 "환자들은 보통 자기 징벌이라는 우회로를 통해 원래의 대상에 대해 복수를 가하는 것이고, 자신이 직접 그 대상에게 공개적으로 적대감을 표현하는 일을 피하기 위해 질병을 매개로 사랑하는 사람을 고문하는 것이다. 결국 그 환자의 정서적 장애를 불러일으킨 사람, 즉 환자의 질병 발발에 계기를 마련해준 사람은 보통 환자의 가까운 주변에 있는 사람이다"(위의 책, 255-256).

한편 멜랑콜리에 대한 프로이트의 견해가 이전에 비해 새로운 점이 있지만 여전히 전통을 따르고 있음도 주목할 만한 일이다. 먼저 프로이트는 멜랑콜리의 정의는 분명하지 않고, 다양한 임상적 형태를 보이므로 하나로 종합하는 것은 무망하다는 입장을 보임으로써 그때까지 멜랑콜리에 대해 이루어진 수없이 다양한 기술을 인정하고 있다. 두 번째로, 멜랑콜리는 애정의 상실로 특징지어지는데, 주체는 언짢은 기분과 슬픔을 느끼면서도 그 원인을 의식하지 못한다는 점에서 '이유 없는 두려움과 슬픔'을 멜랑콜리로 정의한 히포크라테스의 견해를 따르고 있다. 마지막으로 탁월한 인물들의 멜랑콜리를 언급함으로써 아리스토텔레스 이후, 그리고 르네상스와 낭만주의 시대 이후, 위대한 멜랑콜리 전통의 연결선상에 있다는 것에 주목해야 할 것이다.

> 멜랑콜리 환자가 퍼붓는 자기 비난 가운데 어떤 것은 우리가 보기에도 당연한 것이 있을 수 있다. 그것은 그가 멜랑콜리하지 않은 다른 사람들보다 진실을 바라보는 더 예리한 눈을 지니고 있기 때문이다. 아주 격앙된 자기 비난 속에서 스스로를 편협하고 이기적이고 부도덕하고 독립성이 없는 사람으로 묘사하고 또 오로지 자신의 약점을 숨기는 데만 급급했던 사람으로 스스로를 표현할 때 어쩌면 그는 진정한 자기 이해에 가장 가까이 다가가 있는지도 모른다. 다만 우리가 궁금해 하는 것은, 왜 사람은 병에 걸리고 난 뒤에야 그런 진실에 다가갈 수 있느냐 하는 점이다. 왜냐하면 누구든 다른 사람에게 자기 자신에 대해 그와 같이 진실된 얘기를 한다면(햄릿이 자기 자신과 다른 사람들에 대해 지니고 있었던 것처럼), 그가 진실을 얘기하든 다소 공정치 못한 발언을 하든 병에 걸린 것이 틀림없기 때문이다.(위의 책, 248)

위의 글을 읽어보면 멜랑콜리 환자가 자신이 못났다고 스스로 비난하는 것이 역설적으로 자기 이해에 가장 가깝다는 것이다. 오히려 환자 자신의 심리적 상황을 매우 잘 표현하고 있다고 할 수 있다. "멜랑콜리 환자의 자기 비난의 발언은 말 뒤에 다른 의미를 감추고 있지 않고 그 자체로 참이다. (..) 그러나 그의 자기 비난은 '현실적인 타당성'과는 아무런 관련이 없고 그가 스스로 못났다고 이야기한다고 해서 반드시 현실적으로 어떤 문제가 있는 것이 아니"라고 한다(맹정현, 2015: 68-69). 즉 멜랑콜리의 문제는 현실적으로 타당한가의 문제가 아니라 심리적으로 그렇게 느끼는가의 문제인 것이다. 햄릿의 경우를 예로 들었듯이 프로이트는 이어지는 글에서 "오히려 훌륭하고 능력 있는 사람들이 멜랑콜리해질 가능성이 더 높다(프로이트,1997:249)"고 말한다. 멜랑콜리한 사람은 자신의 고통을 통해 그 누구보다도 내면의 진실을 직시하는 예리한 시선을 지니고 있다. 그러므로 「애도와 멜랑콜리」에 나타나 있는 프로이트의 견해는 고대로부터 이어진 서양의 정신 의학 전통의 연장선상에 있으며, 현대 정신의학 이전의 목록에 속한다.

3. 뭉크의 〈절규〉

르네상스 시대 화가인 뒤러의 동판화작품 제목이 <멜랑콜리아 I>이라면 뭉크(1863-1944)의 <절규> (1893)는

'현대의 멜랑콜리아 II'로 불러도 좋지 않을까?

<절규>는 그림 전면에 있는 인물이 양손을 머리에 대고 입을 크게 벌린 채 몸을 부들부들 떨고 있는 모습으로 충격을 준다. 판화와 채색화 두 버전이 있는데, 특히 채색화에서는 두려움에 소리를 지르고 있는 듯한 인물의 노오란 얼굴이 해골처럼 보인다. 하늘은 진한 빨강과 노랑으로 물결치고 있고, 배경의 파랑과 노랑, 초록색이 하늘처럼 같이 물결친다. 인물이 서있는 다리는 사선으로 화면 뒤까지 이어지

고, 다리의 난간은 하늘빛을 반사하여 역시 붉은 색으로 빛나고 있다. 대조적인 색깔과 역동적인 곡선, 긴장감을 불러일으키는 사선은 풍경 속에서 불안한 내면의 심리를 나타내고 있다. 화면 뒤로 걸어가고 있는 무관심한 두 인물과 주인공의 공포 사이의 대립, 울렁이는 하늘과 바다, 모든 것이 불편함과 현기증, 불균형과 구토감을 강화하고 있다. 그는 1892년 1월 22일의 일기에 다음과 같이 쓰고 있다.

> 나는 두 친구와 함께 길을 따라 가고 있었다. 해가 지고 있었는데, 하늘이 갑자기 핏빛으로 붉게 물들었다. 나는 멈추었고, 죽을 것 같아 방벽에 등을 기대었다. 검푸레한 피요르드 해안과 마을이 피로 홍수를 이루었고, 불의 혀로 황폐해졌다. 친구들은 길을 계속 갔지만 나는 불안으로 여전히 떨고 있었다. 끝없는 긴 절규가 자연을 가로질러 가는 것을 느끼고 있었다.(Hersant, 2005:804)

이 그림에서는 무엇보다 동공이 거의 텅 비어있는 듯한 눈을 한 인물이 보는 이의 시선을 사로잡는다. 그 인물의 시선은 그림 밖으로 자신의 고통을 투사하고 있는 듯하다. "미친 사람만이 이러한 그림을 만들어낼 수 있다"(위의 책, 805)고 뭉크는 말했다. 화가의 개인적인 병리의 표현으로 간주할 수도 있는 이 그림은, 그러나 강렬한 단순성으로써 놀라운 인상을 주고 있는 것이다.

에드바르 뭉크는 1863년 노르웨이에서 유서 깊은 지식인 가문 출신의 의사 아버지와 농민 출신의 어머니 사이에서 태어났다. 그가 겨우 다섯 살이었을 때 어머니가 돌아가시고, 아내와 사별한 후 우울증에 걸린 아버지는 신경과민 증상을 보이면서 은둔생활을 한다. 에드바르의 누나인 소피는 그가 열 네 살이던 해에 세상을 떠났다.

> 질병과 광기, 죽음은 내 요람을 지켰던 천사였고, 그때부터 평생 나를 따라다녔다. 나는 일찍이 인생의 고통과 위험, 내세, 지옥에서 아이들을 기다리는 영원한 형벌에 대해 배웠다... 어릴 적 나는 늘 부당한 대접을 받고 엄마도 없으며, 몸은 아프고 뇌리에서 떠나지 않는 지옥 벌의 위협을 받는 느낌이었다.(호딘, 2010:12)

뭉크가 삶과 죽음, 밤, 멜랑콜리 등의 테마를 집요하게 천착했던 데에는 이렇게 가족의 죽음, 누이의 입원, 알콜 중독, 공포증과 신경증, 정신병의 발작이 자리한다. 그는 평생 극심한 공포의 순간과 마주했고, 불안감의 침입에서 벗어나지 못했다. 그러나 그는 자신의 개인적인 문제를 제시함으로써 현대를 살아가는 우리의 문제로 만들었다. 뭉크가 살았던 19세기말과 20세기초의 유럽은 지적으로 혼란스럽고 정치적, 사회적으로 불안하고 긴장된 상태였다. 뭉크는 자기 내면의 고통을 끝까지 추적하였고, 예리한 시선으로 이를 형상화하여 인간 보편의 문제로 만들 수 있었던 진정한 멜랑콜리 예술가였다. 안구질환에 시달리고 광기와 마주하면서도 그는 마지막까지 1000점이 넘는 회화작품과 1만 5000여점의 판화작품을 남겨놓았다.

뭉크는 니체와 도스토예프스키, 키에르케고르, 입센, 스트린드베리, 말라르메 등 당대의 문인들과 친분을 나누고 그들의 생각을 공유했을 뿐 아니라(그들 모두 유명한 멜랑콜리 기질자들이다), 과거의 위대한 화가들인 조르조네, 렘브란트, 뒤러, 고야를 연구하여 그로부터 자신만의 통일성을 일구어냈다. 따라서 뭉크의 내면에는 사상가와 시인, 화가가 균형을 이루고 있었다고 해야 할 것이다(위의 책, 109).

그러므로 겉으로는 대담하고 단순하게 보이는 <절규>는 현대성의 특징을 보여주는 데에서 그치지 않는다. 현대도시 생활의 불안정함과 낯설음에 민감한 화가의 감수성은 고대로부터 이어지는 2000여 년의 시대를 따라왔다는 것을 상기해야 한다. 이미 19세기말에, 사람들은 감정이나 기질, 혹은 질병으로서의 멜랑콜리가 고대의 이론인 검은 담즙의 과도함에 기인하지 않음을 알고 있었다. 하지만 멜랑콜리는 두려움과 부분적으로 관계있는 것은 사실이다. "두려움과 슬픔이 오래 지속되면, 그것은 멜랑콜리이다"라는 히포크라테스의 경구는 현대에도 효력을 상실하지 않았다. 자기 자신과 일치할 수 없다는 느낌, 자신의 폐허 앞에 있다는 느낌, 전능한 자연에 의해 압도당하고, 살아있는 존재들에게 둘러싸여 있는 정물일 뿐이라는 느낌 ... 우리가 지금까지 멜랑콜리의 역사에서 살펴보았듯이 이러한 징후들은 오랫동안 의사들과 철학자들이 기술했던 것들이다.

4. 사르트르의 『구토』

회화 분야에서 뭉크의 <절규>가 <멜랑콜리아 I>의 현대적 버전이라면, <멜랑콜리아 I>의 현대적 소설 버전은 사르트르(1905-1986)의 소설 『구토 La Nausée』라고 할 수 있다. 1938년에 발표된 『구토』는 사르트르의 작품들 가운데 가장 유명하다. 사르트르는 뒤러의 판화에 영감을 받아 '멜랑콜리아'라는 제목을 붙였지만 출판사의 편집장은 '구토'라는 제목을 종용했다. 이 도발적인 제목이 오히려 행운을 가져온 듯, 이 소설은 많은 인기를 끌었다. 소설가와 편집장은 모두 뒤러의 <멜랑콜리아 I>을 알고 있었고, 사르트르는 르네상스의 인문주의를 참조하고 싶었던 듯하다. 어린 시절 아버지가 사망하자 어머니와 함께 외조부모와 살았던 사르트르는 독일어 교수인 외할아버지 샤를 슈바이처 박사(알프레드 슈바이처는 사르트르의 작은 외조부가 된다)의 학문적 영향을 받아 성장했다. 할아버지의 서재에는 뒤러의 그림들이 있었을 수도 있고, 실제로 사르트르는 후에 베를린에서 현상학을 공부하면서 뒤러를 발견하고 『상상력』이라는 작품 속에서 비평하기도 하였다.

『구토』는 일정한 직업이 없이 연금으로 생활하게 된 30세의 지적인 남성 앙트완 로캉탱이 부빌이라는 항구마을에서 이방인으로 생활하는 이야기이다. 로캉탱은 19세기의 멜랑콜리와는 다른 20세기의 멜랑콜리를 보여준다. 이 소설이 나온 지 25년이 지난 후 사르트르는『말 Les mots』이라는 저서에서 로캉탱은 바로 자신이었다고 말했다(사르트르, 2013:429). 로캉탱은 날마다 도서관에서 롤르봉이라는 어떤 역사적 인물에 관한 글을 쓰고 있다. 그는 홀로 고독한 날을 보내면서 "누구와도 이야기 나누는 법이 없이" "방값 대신 호텔 여주인과 사랑을 나누는 방식으로 원인이 뻔한 멜랑콜리 비슷한 것"을 털어버리고 있다. 가끔 어떤 특이한 감각을 느끼는데, 그것은 "어떤 공포"이기도 하고 "어떤 광기의 발작"이거나 "심한 욕지기"와도 같은 것이라고 생각한다. 또한 "구토감"이라고도 표현하지만 그 느낌의 정체를 보다 분명하게 알고 싶어 일기에 쓰고 있다.

> 구토는 내 안에 있지 않다. 나는 그것을 저쪽에서 느낀다. 벽에서, 멜빵에서, 내 주위의 곳곳에서, '구토'는 카페와 하나를 이루고 있고, 그 속에 내가 있는 것이다.(사르트르, 2013:41)

로캉탱은 구토감의 원인이 외부에 있다고 처음에는 생각했다. 왜냐하면 글을 쓰는 것 말고는 특별히 하는 일도 없어서 "아무 일도 없었음. 존재했음"이라고 일기에 적거나 혹은 "나는 고민거리가 없다. 연금생활자만큼 돈은 있지만, 윗사람도 없고, 아내와 자식도 없다. 나는 존재한다. 다만 그뿐이다"라고 쓸 만큼 문제를 못 느끼기 때문이다. 그는 "일상을 살아가는 동안에는 아무 일도 일어나지 않는다. 무대장치가 바뀌며 여러 사람들이 들어가기도 하고 나가기도 하지만, 그뿐이다. (...) 하루하루는 아무 이유 없이 하루하루에 덧붙여진다"고 생각하는 사람이다.

어느 날 도서관에 매일 오는 어떤 독학자와 마지못해 함께 식사를 하면서 로캉탱은 그에게, 인간이 존재하는 이유는 아무 것도 없다고 말하다가 불현듯, 이 식당에서 벗어나 "나에게 어울리는 장소, 나에게 딱 맞는 장소로 가버리고 싶다... 그러나 나에게 어울리는 장소 같은 건 어디에도 없겠지, 나는 쓸데없는 존재다"라는 생각을 한다. 그 때 바로 그 '구토'가 일어난다.

> 폭풍 같은 발작, 머리 꼭대기부터 발끝까지 나를 뒤흔든다. 한 시간 전부터 나는 발작이 오리라는 것을 알고 있었다. 다만 그것을 인정하고 싶지 않았을 따름이다. 내 입 속의 이 치즈 냄새... 독학자는 지껄이고 있고, 그의 목소리가 희미하게 내 귀에 윙윙거린다. 그러나 무슨 이야기를 하고 있는지 전혀 모르겠다. 나는 기계적으로 고개를 끄덕인다. 내 손은 디저트 나이프의 손잡이 위에서 경련하고 있다. 나는 그 흑단으로 된 손잡이를 '느낀다'. 그것을 붙잡고 있는 것은 내 손

> 이다. 내 손, 나는 이 평온한 나이프를 차라리 놓아버리고 싶다. (…)
>
> 그러니까 그 '구토'가 바로 이런 것이었다고? 이제껏 뻔히 눈뜨고도 보지 못했던 이런 명명백백한 사실이라고? 내가 얼마나 골치를 썩었는데! 그것에 대해 얼마나 많은 글을 썼는데! 이제는 알겠다. 나는 존재한다. 세계가 존재한다. 그리고 나는 세계가 존재한다는 것을 안다. 그뿐이다. 그러나 그런 건 나와는 상관없는 일이다. 모든 것이 나와는 상관없다는 것은 기묘한 일이다.(위의 책, 178-179)

로캉탱이 경험한 것은 간질발작의 전조증상과 비슷하다. 막연하면서도 낯설게 느껴지는 역겨운 냄새에서 시작하여 정신이 혼미해지다가 이어 기절하게 된다. 그러나 그는 기절하지는 않고 자신의 상태를 분석해낸다. 그리고 신체의 증상 아래에 놓인 심리적 이유를 파악한다. 세상은 나와 아무런 상관이 없다는 것, 그럼에도 인간들을 이해하거나 사랑해야 한다는 명제에 구역질이 났던 것이다. 사물은 그저 나와 관계없이 존재할 뿐이다… 결국 그는 식당을 나와 바다를 거닐다가 전차를 타고 무작정 간다. 다시 '존재'에 대해 생각하고, 전차 밖으로 뛰어 나간다.

> 더 이상 견딜 수 없었다. 사물이 그렇게 가까이 있는 것을 견딜 수 없었다. 나는 철책을 밀고 들어선다. 수많은 가벼운

> 존재들이 일제히 날아올라 나무 꼭대기에 내려앉는다. 이제야 정신이 돌아와 내가 어디에 있는지 알겠다. 나는 공원에 있다. 커다랗고 검은 나무줄기 사이, 하늘을 향해 내민 검고 울퉁불퉁한 손들 사이에 있는 벤치에, 나는 쓰러지듯 주저앉는다. 나무 한 그루가 내 발밑에서 검은 발톱으로 땅을 긁고 있다. 나는 모든 걸 팽개치고, 나를 잊고 잠들고 싶다. 그러나 그럴 수 없다. 숨이 막힌다. 존재는 곳곳에서 내 안에 들어온다. 눈으로, 코로, 입으로...
>
> 그리고 갑자기, 한 순간, 베일이 찢어지며, 나는 이해했다, 나는 '보았다'.
>
> (...) 1월부터 나에게 일어난 모든 것이 이해되었다. 구토는 나에게서 떠나지 않았고, 이제 그것이 그렇게 금방 떠나리라고는 생각지도 않는다. 그러나 나는 지금 구토를 참고 있는 것이 아니다. 그것은 이미 병도 아니고 일시적인 발작도 아니다. 바로 나 자신인 것이다.(위의 책, 184)

조금 아까 공원의 벤치 밑 땅에 박혀있던 마로니에 나무뿌리에서 그는 '존재한다'라는 것의 의미를 비로소 이해했다. 썩은 냄새와 곰팡이, 비존재와 존재의 비밀을 드러내는 나무뿌리에서 다시금 구토감의 진정한 의미를 깨달았던 것이다. 나무, 자갈, 마른 흙, 하늘, 벤치.. 는 그저 '있다'. 핵심은 바로 우연성이고, 존재의 세계에서 설명과 이치는 설 자리가 없다. 이것이 바로 사르트르가 발견한 '부조리'이다. 우리 자신은 다른 사람에 대해서 '잉여'의 존재로 느낀다. "잉여 그것이야말로 내가 숲과 철책과 조약돌 사이에 확립할 수 있었던 유일한 관계였다." 다시 말해 필연적으로 존재할 이유가 없는 상태인 것이다.

> 그러나 나의 죽음조차 잉여일 것이다. 잉여의 내 시체, 그 조약돌 위, 그 식물들 사이, 그 미소 짓는 정원 속에 떨어질 잉여의 나의 피, 썩은 육체도 그것을 받아들이는 대지 속에서 잉여의 것이 될 터였다. 결국엔 뼈도, 씻기고 껍질 벗겨 이빨처럼 깨끗하고 선명한 나의 뼈도 잉여가 될 것이었다. 나는 영원히 잉여의 존재였다.(위의 책, 187)

이 세상에서 그저 의미 없는 잉여로 있다가 허무하게 사라질 존재, 절대성이라고는 전혀 없는 자신의 존재감에서 오는 구토, 삶에 대한 혐오감이 바로 사르트르가 말하는 멜랑콜리이다. 따라서 로캉탱은 '구토감'이 잠깐 사라진다 해도 다시 찾아오리라는 것을 안다. 그것이 그의 정상적인 상태임을 알았기 때문이다. "그것은 깊고 깊은 권태이고 존재의 깊은 핵심이며, 나를 이루는 소재 자체"이다.

> 조금 전까지의 나는 분명히 지극한 행복 속에 잠기는 것과는 동떨어진 상태에 있었다. 가장 표면에서는 기계적으로 생활비 계산을 하고 있었다. 그러나 그 밑에는, 불확실한 질

> 문이나 무언의 놀라움 같은 형태로, 밤이나 낮이나 나한테서 떠나지 않는 모든 불쾌한 생각이 깔려 있었다. 안니(여자친구 이름)에 대한 생각, 망쳐버린 내 인생에 대한 온갖 생각이다. 그리고 또 그 밑에는 새벽빛처럼 소심한 '구토'가 숨어 있었다. 그래도 그때는 음악이 없었기에 나는 우울했지만 평온했다. 나를 에워싸는 모든 사물이 나와 같은 소재, 즉 어떤 조악한 고뇌로 만들어져 있었던 것이다.(위의 책, 246)

사르트르는 내면에 포개져있는 생각과 느낌의 층위를 하나하나 밝혀낸 후 그 근본에 숨어있는 구토와 고뇌, 즉 멜랑콜리가 있음을 분명하게 밝혀준다. 그렇다면 머릿속에서 오고가는 시끄러운 생각들을 어떻게 잠재울 것인가? 사르트르의 방법은 바로 이것이다. 우울하다고 해서 그는 "자신을 팽개치지 않는다. 오히려 그 반대이다." 그는 아침에 목욕을 하고 수염을 깎고 자질구레한 행동들을 하는 습관을 성찰하면서, 이러한 것들은 반복되는 허망한 행위지만 습관이 었기에 할 수 있었다고 생각한다. "습관은 죽지 않았다. 그것은 여전히 바쁘게 움직이면서, 더할 나위 없이 조용하게, 아무도 모르도록 그 씨실을 짜고 나를 씻어주고 닦아주고, 옷을 입혀주는 '유모'이다. 습관의 힘에 의해 우리는 살아갈 수 있다." 그리하여 그는 고백한다.

> 사실대로 말하는 나는 펜을 놓을 수가 없다. 나는 '구토'

> 를 일으킬 것만 같다가도 글을 쓰고 있으면 그것이 지연되는 느낌을 받는다. 그래서 나는 머리에 떠오르는 것을 쓰고 있다.(위의 책, 245)

삶에 대해 문득문득 치밀어 오르는 혐오감, 구역질을 물리치는 방법은 글을 쓰는 것이다. 피치노가 평생 학문에 몰두하고, 로버트 버턴이 멜랑콜리를 치유하기 위해 멜랑콜리에 관한 거대한 목록을 일생에 걸쳐 만들었듯이, 사르트르도 구토감에 매몰되지 않기 위해 글을 쓴다. 그는 『말』에서 다음과 같이 말했다.

> "하루에 한 줄도 안 쓰고 지나는 날이 없었다." 이것은 나의 습관이고 본업이다. 오랫동안 나는 펜을 검처럼 생각했다 이제 나는 우리의 무력함을 알고 있다. 그래도 상관없다. 나는 책을 쓰고 있으며 앞으로도 쓸 것이다. 쓸 필요가 있다. 어쨌든 소용이 될 테니까. 문화는 아무것도, 또 어느 누구도 구제하지 못한다. 그리고 문화는 변명을 할 수 없다. 그러나 그것은 인간의 산물이다. 즉 인간은 그 문화 속에 자기를 비추며 거기에서 자기 모습을 찾아볼 수 있다. 오직 비판적인 거울만이 인간의 영상을 인간에게 보여주는 것이다. (사르트르, 2013:431)

그는 글을 씀으로써 자신의 '신경병'을 치료하며 살아갈 수 있었다.

> 내가 나의 광기 중에 좋아하는 것은 그 광기가 첫날부터 엘리트이고자 하는 유혹으로부터 나를 보호해주었다는 사실이다. 나는 결코 내가 재능의 행복스런 소유자라고 생각해 본 적이 없다. 단 하나의 내 과업은 맨손, 빈 주머니로 노력과 신념을 통하여 나를 구원하려는 것이었다. 그래서 나의 순수한 선택은 나를 어느 누구의 위로도 끌어올리지 않았다. 장비도 없고 연장도 없이 나를 완전히 구원하기 위하여 몸과 마음을 기울여 일을 시작했다.(위의 책, 432)

『구토』에는 신의 보호가 애초부터 없는 부조리한 우연의 세계에 잉여로 존재할 뿐인 인간의 처절한 멜랑콜리가 나타나 있다. 그것을 20세기의 현대적 멜랑콜리라고 말해도 좋을 것이다. 그러나 사르트르는 멜랑콜리의 치료법을 제시하였다. 19세기에 키츠가 삶의 도처에서 멜랑콜리를 직면하는 용기를 종용한 데에서 더 나아가, 사르트르는 인간 존재의 본질로서 멜랑콜리를 직시할 뿐 아니라 스스로를 구원하기 위해 자유의지를 가지고서 새롭게 자신을 생성해 나가자고 역설하고 있다.

5. 재미슨의 『불길에 닿아』

현재 미국 존스 홉킨스 대학병원의 정신과 교수인 케이 레드필드 재미슨(1946-)이 1994년에 발표한 『불길에 닿아(부제-조울증과 예술적 기질)』는 멜랑콜리와 예술적 창조성의 관계를 밝힌 주목할 만한 저서이다.

그녀는 정신질환을 치료하는 정신의학자이지만 자신이 조울증으로 오래 고통받아왔고 자살을 시도한 적이 있으며, 조울증 치료를 받으면서도 활발히 연구해온 경험을 책으로 펴낸 바 있다.[18] 조울증은 멜랑콜리를 대체하여 크레펠린이 정의한 용어인데, 현대의 정식 의학 용어는 양극성 장애이다. 조증 시기와 울증 시기를 반복하는 순환적 질병인 양극성 장애는 조증, 경한 조증, 울증의 단계를 보이는 것이 특징이고, 조증 시기에 과도한 알콜이나 약물의 남용이 나타나고 심지어 자살에 이르기 때문에 위험한 질병으로 여겨진다.

『불길에 닿아』라는 저서에서 저자는 멜랑콜리를 '훌륭한 광기fine madness'라는 용어로 지칭하고, 고대 이후로 지속되어온 광기와 천재성의 상관관계를 집요하게 추적함으

---

18) 우리나라에서는 『조울증, 나는 이렇게 극복했다』라는 제목으로 출판되었다. 1990년에는 조지 워싱턴 의과대학의 정신과 의사인 프레데릭 구드윈 Frederick Goodwin과 공동작업으로 『조울증Manic- Depressive Illness』이라는 교과서를 집필한 바 있는데, 신경정신과학의 최근 연구 상황에 근거한 분석과 치료를 제시했을 뿐 아니라, 20세기 초의 크레펠린의 조울증의 정의와, 분류, 진단을 존중하고 있는 것으로 평가된다.

로써 서양 정신의학의 전통을 잇고 있다. 저자에 의하면 멜랑콜리와 천재성의 관련성은, 19세기 중반과 후반에도 프랑스와 이탈리아, 독일에서 각각 연구된 바 있고, 20세기에도 꾸준히 연구되어 왔다.[19] 문학을 좋아하는 재미슨은 1705년에서 1805년 사이 100년 동안에 활동하던 영국 시인 36명의 생애와 작품을 조사하였는데, 양극성 장애를 가진 시인의 비율은 일반인 보다 30배나 높았다. 유명한 시인들로는 새뮤얼 존슨, 토마스 그레이, 토마스 채터턴, 윌리엄 블레이크, 윌리엄 워즈워드, 월터 스코트, 새뮤얼 콜리지, 바이런, 셸리, 키츠 등이 있고, 토머스 무어와 제임스 맥퍼슨은 특별한 정신병리적 징후가 관찰되지 않았다고 한다(Jamison, 1994:56-99 참조). 문학 분야 이외에 음악, 미술 등에서 천재성과 정신 병리의 상관성에 관한 연구 목록은 브루노Bruno의 『천재와 광기』(1997)에 자세히 나타나고 있지만, 재미슨은 위의 자신의 연구 이외에도 창조적 작가들의 가계를 체계적으로 조사하였다. 연구 대상으로는 테니슨, 슈만, 헨리 제임스, 허먼 멜빌, 새뮤얼 콜리지, 버지니아 울프, 헤밍

19) 가령, 1949년에 독일에서는 113명의 독일 작가, 화가, 작곡가의 생애를 추적하고 5000여명의 관계자들을 인터뷰한 연구가 시행되었는데, 이는 양극성 장애와 창조적 천재성에 관한 최초의 대규모 연구라고 한다(Jamison, 1994:53-55). 이 연구에 의하면 대상자 중 시인의 50%와 음악가의 38%가 양극성 장애를 가지고 있었다. 이 외에도 이탈리아에서는 1670-1819년 사이에 활동한 21명의 영국 시인과, 1770-1909년에 활동한 21명의 프랑스 시인들에 대한 조사도 이루어졌는데, 영국 시인의 55%와 프랑스 시인의 40%가 심각한 정신 장애가 있었다.

웨이, 셸리와, 작가가 아닌 이로는 유일하게 빈센트 반 고호가 포함되어 있다. 그녀는 양극성 장애가 유전적임을 다시금 밝히고, 각 인물의 친족과 부모, 형제들이 앓고 있던 양극성 장애, 우울증, 자살, 순환장애, 정신병 등을 도표로 제시하였다. "멜랑콜리는 유전적인 질병임을 의심치 않는다"(Burton, 2000:351)는 로버트 버턴의 말을 인용함으로써 광기에 관한 주제는 여러 세대를 거쳐 문학적, 문화적, 그리고 의학적 주제였음을 상기시킨다. "현대 의학은 광기의 가족력이라는 문학적 개념에 대한 믿음을 강화하고 있다. 양극성 장애의 유전적 소인은 논란의 여지가 없는 것이다"(Jamison, 1994:193).

그는 본인이 환자이자 의사인 입장에서 양극성 장애의 치료적 측면을 중요시할 수밖에 없었다. 리튬이나 항우울제가 부작용이 있고, 창조력을 떨어뜨리는 것 같다고 예술가들이 호소하기는 하지만, 리튬의 복용으로 인한 부작용은 심장 질환이나 암과 같은 질병 치료제의 부작용에 비해서는 미미하고, 무엇보다도 자살의 위험성을 낮추기 때문에 복용해야 한다는 입장이다(위의 책, 240-250). 수많은 작가들과 예술가들의 자살은 그들 예술의 마감을 초래하지 않았던가?

재미슨은 최근 양극성 장애를 일으키는 유전자(돌연)변이를 찾아내고자 하는 연구가 활발히 진행되고 있음을 밝힌다. 그러나 양극성 장애를 포함한 여러 정신병리학적 이상이 단일 유전자의 이상으로 발생될 가능성은 매우 희박하다고 한다. 여러 유전자들의 조합으로 발생되거나 환경적 요인과의 상호 작용에 의하여 발생될 수도 있고, 신체적, 심리적 요인도 중요할 수 있다. 그리고 특정 질병과 연관된 유전자를 탐색하는 일은 여러 진화론적, 윤리적 문제를 야기할 수 있다. 즉, 결함을 일으키는 유전자도 장기적인 진화론적 관점에서는 환경 변화로 인한 인간의 절멸을 막는 유전자 풀pool로서의 역할을 할 가능성이 있으며, 질병과 유전적 요인이 밝혀질수록 임신 중 태아 유전자 검사에 의한 낙태, 유전적 정보에 의한 사회적 차별 등 윤리적인 문제가 발생될 수도 있다.

> 대부분의 예술가들이 조증과 우울증, 변덕스런 기질로 고생하고, 멜랑콜리아로 향하며, 마침내는 자살할지 모른다는 결론이 내려졌다고 해서 예술가들의 수를 줄일 것인가? 나는 그렇게 생각하지 않는다. 이러한 진술은 우리가 현재 알고 있는 것에 의해 충분히 정당화된다고 생각한다. 예술가들을 부인하는 것은 이 복잡한 질병에 의해 야기된 윤리적 문제들과 중요한 치료를 다루지 않는 것일 뿐 아니라, 진실의 정면으로부터 도망치는 것이고 불필요한 고통을 감수하는 것이다. 과학적이거나 예술적인 지식이 우리를 어디로 데려갈지 아무도 모른다. 불확실성, 낭만적 상상력, 그리고 신비는 사상과 경험이라는 과학적이고 예술적인 분야 양쪽을 통하여 그들의 길을 굽이굽이 누비고 가는 경향이 있다. 위

> 대한 상상력을 지닌 예술가들은 언제나 폭풍의 눈을 뚫고 항해하는 자들이다. 예술가들 자신이 그들이 경험한 상당한 고통을 넘어서는 하나의 주제가 된다는 것을 우리는 찬탄하고, 이해하며, 또한 조심스럽게 고려해야 할 것이다.(위의 책, 260)

위대한 멜랑콜리 예술가들은 불안정한 영혼의 힘을 다해 창조의 제단에 자신을 바친 사람들이다. 자신의 삶을 바쳐 인류의 삶을 풍요롭게 하는 예술가들은 앞으로 계속 나타날 것이고, 아리스토텔레스의 통찰력 있는 직관에서 촉발된 멜랑콜리와 창조적 천재성의 관계 역시 앞으로 계속 연구되고 규명될 것이다.

맺음말

지금까지 고대 그리스로부터 시작된 멜랑콜리에 관한 수많은 논의 중에서, 중요한 저술들과 저자들을 시대에 따라 일별해보았다. 멜랑콜리는 신체와 정신을 통합적으로 사유한 고대 의학과 철학의 산물이었다. 멜랑콜리 논의는 히포크라테스로부터 시작되었고, 아리스토텔레스가 논증한 위대한 멜랑콜리의 개념은 서양의 정신사에서 시대에 따라 끈질기게 이어져 왔음을 알 수 있었다.

'검은 담즙'이란 육체 안의 자연 물질인 동시에 이 물질의 과도함과 연관된 질병을 지칭했다. 그러나 검은 담즙은 단순히 물질이라고만은 할 수 없었다. 검은 담즙을 인정하지 않는 사람들은 새로운 용어를 만들어내려 하였다. 우리가 아는 것처럼 세네카는 '격정'이라는 단어를, 키케로는 '삶에 대한 혐오'라는 표현을 썼다. 르네상스 시대에 피치노를 독일에 소개한 신비주의자 네테스하임은 멜랑콜리에 천재성과 긍정적인 의미를 부여하기 위해 '하얀 담즙'(Prigent, 2005:17)이라는 새로운 용어를 시도하기도 했다. 19세기에 에스키롤은 '리페마니아'라는 단어를 제안했다. 그러나 어떤 단어도 '검은 담즙'을 대체하지는 못했다. 기원후 1세기경에 살았던 한 로마 의사의 말이 검은 담즙의 의미를 가장 분명하게 요약한 것 같다. "어떤 사람들은 위장의 가스도 검은 담즙도 없다. 오히려 과도한 분노, 슬픔, 깊은 낙담이 있다. 우리들은 이 사람들을 멜랑콜리한 사람들이라고 부른다. 분노를 말하기 위해서는 '담즙'을, 이 분노의 해로운 면과 힘을 말하기 위해서는 '검은 색'을 사용한다"(위의 책, 17) - 검은 담즙은 일종의 은유였던 것이다.

그런데 우리가 감상한 작품의 저자들은 거의 모두 멜랑콜리 기질의 소유자들이었다. 그들의 평생에 걸친 창조의 과업은 결과적으로 그들 자신의 멜랑콜리 치료제였다고 해도 과언이 아니다. 검은 담즙이 인체 속에 실제 존재하지 않는다 해도, 검은 담즙이 슬픔을 만들어내지 않는다 해도, 위대한 멜랑콜리의 전통은 현대에까지 계승되고 있었다. 그리고 유한한 생명을 인식하고 삶에 의미를 부여하고자 하는 한, 인간은 누구나 멜랑콜리 질병을 가지고 있는 존재이다. 특히 19세기 이후 인간 조건의 본질을 예리하게 꿰뚫어보는 예술가들의 작품은 멜랑콜리의 특징을 지니고 있다고 할 수 있다. 현대에 와서 멜랑콜리 연구는 의학의 분야로 넘어가게 되었지만, 멜랑콜리는 앞으로도 여전히 창작과 연구의 주제가 될 것이다.

멜랑콜리를 표현한 수많은 미술 작품들은 멜랑콜리의

역사를 반영하는 풍요로운 자료가 되지만 우리는 다루지 못했다. 가령, 로댕Rodin의 조각 <생각하는 사람>은 멜랑콜리한 사람의 전형적인 자세이다. 동물은 생각하지 않으므로 우울하지 않고, 인간도 생각하지 않으면 우울하지 않을 것이다. 인간만의 고유한 능력인 이성적 사유 속에는 이미 멜랑콜리가 배태되어 있다고 해도 지나치지 않다. 그리고 서양인들은 멜랑콜리의 고통을 감수하고도 깊은 사색과 독창적인 상상력을 끝까지 밀고 나간 인물들에게 위대함이라는 왕관을 씌워주었던 것이다.

그런데 '옳다-그르다'라는 자기중심적인 분별을 지양하고 비교와 판단을 중지한다면 우리는 우울해지지 않을 수 있다. 멜랑콜리의 치유법은 어쩌면 여기에 있다. 타자와 조화를 이루어 하나가 되는 상태는 거의 모든 종교와 철학, 문학이 갈망하는 이상(理想)이기도 하다. 세계 속에 존재하는 인간은 다른 생명체들과 관계 맺고 살 수 밖에 없다. 우주와 자연과 인간의 조화를 지향했다는 것은 동서양이 다르지 않다. 자연과 인간 사이의 균형이 깨어지고, 인간의 몸과 마음의 균형이 깨어지면 문제가 발생한다고 보았던 것도 동서고금이 일치한다. 균형 잡힌 개인은 균형 잡힌 사회의 토대이다. 멜랑콜리 개념의 역사를 따라오다 보니 몸과 마음의 조화가 중요하다는 사실을 깊이 이해하게 된다.

참고문헌

윌리엄 K.C. 거스리, 『희랍 철학 입문』, 박종현 옮김, 서광사, 2011.

요한 볼트강 폰 괴테, 『젊은 베르테르의 슬픔』, 박찬기 옮김, 민음사, 2009.

앤드류 그레고리, 『왜 하필이면 그리스에서 과학이 탄생했을까?』, 임상락 옮김, 몸과 마음, 2003.

김상근, 『천재들의 도시 피렌체』, 21세기북스, 2010.

김성곤, 『독일 문학사』, 글로벌 콘텐츠, 2011.

김태호, 『아리스토텔레스와 이븐 루시드』, 김영사, 2013.

시오노 나나미, 『르네상스를 만든 사람들』, 김석희 옮김, 한길사, 2012.

노발리스, 『밤의 찬가』, 윤동아 역편, 태학당, 2012.

맹정현, 『멜랑콜리의 검은 마술』, 책담, 2015.

칼 필립 모리츠, 『안톤 라이저』, 장희권 옮김, 문학과지성사, 2003.

박승렬, 『점성학 강의 노트』, 좋은 글방, 2012.

반덕진, 『히포크라테스의 발견』, 휴머니스트, 2005.

콘스탄틴 J. 밤바카스, 『철학의 탄생』, 알마, 2012.

짐 벤딕, 『갈레노스』, 전찬수 역, 실천문화사, 2002.

샤를 보들레르, 『악의 꽃』, 윤영애 옮김, 문학과 지성사, 2003.

하인리히 뵐플린, 『뒤러의 예술』, 이기숙 옮김, 한명, 2002.

필립 브르노, 『천재와 광기』, 김웅권 옮김, 동문선, 1997.

장 폴 사르트르, 『구토/말』, 이희영 옮김, 동서문화사, 2013.

세네카, 『인생론』, 김천운 옮김, 동서문화사, 2013.

윌리엄 셰익스피어,『햄릿』, 최종철 옮김, 민음사, 2014.

아리스토텔레스,『니코마코스 윤리학』, 최명관 옮김, 창, 2004.

__________,『영혼에 관하여』, 유원기 역주, 궁리, 2001.

에바 알브레히트,『양극성 장애, 100문100답』, 이지연·강제욱 옮김, 하나의학사, 2010.

에피쿠로스,『쾌락』, 오유석 옮김, 문학과 지성사, 1998.

에릭 G. 윌슨,『멜랑콜리 즐기기』, 조우석 옮김, 세종서적, 2010.

이경옥,『영국의 낭만주의』, 연세대학교 출판부, 2004.

이상섭,『아리스토텔레스의 시학 연구』, 문학과지성사, 2002.

이재담,『서양 의학의 역사』, 살림, 2007.

이진성,『샤를르 보들레르』, 건국대학교 출판부, 2003.

______,『그리스 신화의 이해』, 아카넷, 2010.

전광식,『신플라톤주의의 역사』, 서광사, 2002.

조용래,『양극성 장애』, 학지사, 2000.

폴 존슨,『르네상스』, 한은경 옮김, 을유문화사, 2013.

최문규,『독일 낭만주의』, 연세대학교 출판부, 2005.

에르빈 파노프스키,『인문주의 예술가 뒤러』, 임산 옮김, 한길아트, 2006.

로이 포터,『의학, 놀라운 치유의 역사』, 여인석 옮김, 네모북스, 2010.

지그문트 프로이트,『정신분석의 근본개념』, 윤희기·박찬부 옮김, 열린책들, 2003.

플라톤,『국가』, 박종현 역주, 서광사, 2013.

______,『소크라테스의 변명 외』, 박종현 역주, 서광사, 2013.

______,『파이드로스』, 김주일 옮김, 정암학당, 2012.

______,『티마이오스』, 박종현·김영균 공동 역주, 서광사, 2011.

귀스타브 플로베르,『성 앙투안느의 유혹』, 김용은 옮김, 열린 책들, 2010.

존 키츠,『키츠 시선』, 윤명옥 옮김, 지식을 만드는 지식, 2010.

키케로,『의무론』, 허승일 옮김, 서광사, 2013.

요세프 파울 호딘,『에드바르 뭉크』, 이수연 옮김, 시공아트, 2010.

히포크라테스,『히포크라테스 선집』, 여인석 · 이기백 역, 나남, 2011.

피에르 그리말,『그리스 로마 신화 사전』, 최애리, 옮김 열린책들, 2003.

Adams, Francis, *Hippocratic writings*, Encyclopaedia Britannica, 1990.

Burton, Robert, *Anatomie de la mélancolie*, José Corti, 2000.

Chateaubriand, François René de, *Atala-René*, Le livre de poche, 2007.

Clair, Jean, *Mélancolie – Génie et folie en occident,* Gallimard, 2005.

Dandrey, Patrick, *Anthologie de l'humeur noire, Écrits sur la mélancolie d'Hippocrate à l'Encyclopédie,* Gallimard, 2005.

Fédida, Pierre, *Des bienfaits de la dépression,* Odile Jacob, 2001.

Ficino, Marsilio, *Three books on life,* A critical edition and translation with introduction and notes by Carol V. Kaske and John R. Clark, Medieval and Renaissance texts and studies, Binghamton, New York, 1989.

Hersant, Yves, *Mélancolies – de l'antiquité au XX siècle,* Robert Laffont, 2005.

Hershman, D. Jablow & Lieb, Julian, *Manic depression and creativity,* Prometheus Books, 1998.

Jamison. Kay Redfield, *Touched with fire – Manic-depressive illness and the artistic temperament,* Simon & Schuster, 1994.

______, *An unquiet mind*,(『조울병, 나는 이렇게 극복했다』, 박민철 옮김, 하나의학사, 2000), Vintage, 1997.

Klibansky, R., Panofsky E, Saxl, F, *Saturne et la Mélancolie,* Gallimard, 1989.

Kramer, Peter, *Against Depression*, (『우울증에 반대한다』, 고정아 옮김, 플래닛, 2005), Viking, 2005.

Lagarde & Michard, *XIX siècle – Anthologie et histoire littéraire,* Bordas, 2004.

Leader, Darian, *Au-delà de la dépression – Deuil et mélancolie d'aujourd'hui,* Payot, 2010.

Pigeaud, Jackie, *De la mélancolie,* Dilecta, 2005.

______, *L'homme de génie et la Mélancolie,* Rivages poches, 1988.

Prigent, Hélène, *Mélancolie – Les métamorphoses de la dépression,* Gallimard, 2005.

Radden, Jennifer, *The Nature of Melancholy,* Oxford University Press, 2000.

Starobinski, Jean, *L'encre de la mélancolie,* Seuil, 2012.

______, *Mélancolie au miroir,* Julliard, 1989.

Verlaine, Paul, *Poèms saturniens,* Le livre de poche, 1996.

Chabert, Catherine & Luoët, Estelle,「Troubles bipolaires et manie-mélancolie: continuité ou rupture?」, *Psychologie clinique et projective,* volume 19, 2013.

Magazine littéraire, octobre-novembre 2005, Hors-série, n 8, *<Les écrivains et la mélancolie>*

Mélancolie – *Génie et folie en occident,* Hors-série de Connaissance des Arts, 2005.

참고하면 좋을 책들

1. 김동규, 『멜랑콜리아 - 서양문화의 근원적 파토스』, 문학동네, 2014.

멜랑콜리를 주제로 다룬 국내 도서가 많지 않은 상황에서 이 저서는 우리나라의 멜랑콜리 연구에 한 획을 그은 훌륭한 작품으로 기록될 것이다. 오랜 기간 동안 멜랑콜리 연구에 천착한 철학자 김동규는 멜랑콜리로써 서양철학전반을 규명하고자 한다. 책의 부제대로 멜랑콜리는 서양문화의 근본이 되는 정서로 정의된다. 아리스토텔레스와 칸트, 니체, 하이데거의 철학을 멜랑콜리의 관점에서 분석하는 철학적 토대가 탄탄하다. 이성과 논리를 근간으로 하는 서양철학에서 정서이자 정념인 멜랑콜리는 전면에 부각되기 어려웠다. 주로 예술, 문학 분야에서 창조적 천재성의 개념으로 다루어진 멜랑콜리를 서양정신의 근원으로 파악한 저자는 멜랑콜리의 근원에는 서양의 나르시시즘이 존재한다는 것을 밝혀낸다. 한국에서 서양을 연구하는 철학자의 시선은 서양의 멜랑콜리가 지닌 한계를 포착하고 그 폐쇄적 나르시시즘을 극복할 대안을 발견했다. 그것은 동서양을 접목할 수 있는 새로운 철학을 창조하는 일이다. 불교와 유교에서는 개체로서의 나를 강조하기 보다는 나와 나 아닌 다른 존재들을 모두 '하나의 나'로 확장하는 태도를 중시한다. 새로운 철학의 길은 우리에게 달려있다.

2. 에릭 G 윌슨, 『멜랑콜리 즐기기』, 조우석 옮김, 세종서적, 2010.

이 책의 원제목은 『행복에 반대한다 Against Happiness』이다. 이 제목은 2005년 미국에서 베스트셀러가 되었던, 피터 크레이머의 『우울증에 반대한다 Against Depression』에 맞서는 의도에서 선택된 것 같다. 정신과의사인 크레이머는 멜랑콜리와 우울증에 대해 관대했던 역사적 전통을 이해하면서도, 고혈압이나 당뇨병처럼 우울증도 약으로써 치료해야하는 질병이라고 주장한다. 주로 뇌의 이상에서 발생되지만 동시에 뇌에 심각한 손상을 일으키는 무서운 병이기 때문이다. 예술가들의 멜랑콜리도 치료되어야 한다는 입장이다. 반면, 『멜랑콜리 즐기기』의 저자인 영문학자 윌슨에게 현금의 미국적 분위기는 삶에 본질적으로 내재해 있는 슬픔, 고통, 죽음을 애써 외면함으로써 진정한 삶을 통찰하지 못하는 태도로 보인다. 드넓은 영토와 풍부한 자원을 지닌 세계 최강대국의 시민인 미국인들은 선조들이 물려준 개척정신과 낙관주의를 표방하며 번영과 행복을 추구하는 분위기 속에 살면서, 아메리칸 드림의 이념을 전 세계에 전파하고자 한다. 저자는 교회와 학교가 전파하는 성공지상주의 경향, 테마파크와 쇼핑몰로 향하는 행복지상주의자들의 생활을 비판하면서, 삶이란 죽음에서 생겨나며 죽음 역시 삶에서 시작한다는 진리를 받아들이고 사물과 생명과의 연대를 지향하는 태도를 지닐 것을 촉구한다. 심지어 상실과 슬픔을 경험하는 멜랑콜리의 정서가 훗날 완전히 절멸의 위기를 맞지 않을까 걱정하기까지 한다. 예수의 생애와 카를 융의 생애는 궁극의 자신을 만나려면 반드시 멜랑콜리를 거쳐야 함을 일깨워주는 사례로 제시된다. 그리고 허먼 멜빌, 윌리엄 블레이크, 콜리지, 존 레넌 등 고통 속에서 삶에 대한 통찰력을 정련한 위대한 예술가와 작가들의 생애와 작품을 알려준다. 치명적 상태로 진행되지 않는 한, 멜랑콜리를 삶의 의미로 향유할 때 진정한 기쁨을 경험할 수 있다.

3. 조용래, 『양극성 장애』, 학지사, 2000.

멜랑콜리의 현대 의학적 진단명은 양극성 장애이다. 멜랑콜리는 광기의 특성이 있기 때문에 우울증이라는 시각에서만 다룰 수는 없다. 양극성 장애는 극심하게 침울하고 슬픈 기분에서부터, 지나치게 고양되고 유별나게 쾌활한 양상에까지 이르는, 극단적인 기분의 변화가 주기적으로 나타나는 만성 기분장애이다. 이 책은 우울증과 조증의 양상, 진단, 원인, 치료방법, 가족의 접근 방식 등 양극성 장애에 대해 일반인들이 정확하고 자세히 알 수 있도록 안내하는 지침서이다.

4. 케이 레드필드 재미슨, 『조울병, 나는 이렇게 극복했다』, 박민철 옮김, 하나의학사, 2000.

저자는 대학병원 정신과의 기분장애 클리닉 소장으로 일하고 있는 임상심리학 박사이면서 본인이 양극성 장애 환자이다. 그의 자서전이자 투병기이기도 한 이 책의 원제목은 『조용할 날 없는 마음 An unquiet mind』이다. 창공을 날아갈 듯 한없이 고양되는 기분과 죽음만을 생각하는 음울한 기분이 항시 반복되는 양극성 장애의 경험이 자세하고 감동적으로 서술되어 있어서, 양극성 장애를 충분히 이해할 수 있게 도와준다. 이 책은 이러한 기분상태 속에서 사는 환자들을 비롯하여 수많은 예술가, 과학자, 학자 등의 삶을 보다 정확하게 인식하는데 도움을 주고, 아울러 이 장애를 가진 사람들에게 치유법을 가르쳐주고 인생을 보다 긍정적으로 살 수 있도록 희망과 용기를 준다.

5. 아리스토텔레스, 『니코마코스 윤리학』, 최명관 옮김, 창, 2004.

고대 그리스인들은 '덕(德)'을 아레테arete라고 불렀는데 아레테란 기능이라는 뜻이다. 눈의 덕은 잘 보는 데에 있고, 말의 덕은 잘 달리는 데에 있다. 인간의 덕은 선하게 살고 그 자신의 일을 잘 하게 하는 성품으로 정의된다.

인간의 최고 목표는 덕을 추구하는 것이다. 덕에는 교육을 통한 지적인 덕과 습관에 의해 형성되는 도덕적인 덕이 있다. 덕은 기술을 연마하는 것과 마찬가지로 실천을 해야 비로소 얻어진다. 따라서 옳은 행위를 함으로써 옳게 되고, 절제 있는 행위를 함으로써 절제 있게 되며, 용감한 행위를 함으로써 용감하게 된다. 이럴 때 덕은 지나치지도 않고 모자라지도 않는 중간의 상태에 있어야 한다. 과도와 부족은 악덕이요 덕은 중용이다. 아리스토텔레스가 말하는 중용은 동양 유교 사상의 중용과 같고, 불교 철학의 중도와 같다. 이것은 산술적인 중간이 아니고 매 경우와 상황에 맞게 적확하게 행위하는 방법이다. 어떤 일을 마땅한 사람에게, 마땅한 때에, 마땅한 정도로, 마땅한 동기에서, 마땅한 방법으로 하는 것은 어려운 일이고 탁월한 일이며 고귀한 일이다. 이 저서에는 우리가 행위를 할 때 필요한 중용의 지혜가 자세히 언급되어 있어서 삶의 지침서로 삼을 만하다.

멜랑콜리는 정념(pathos-감정과 욕망의 결합)에 속하므로, 이성적인 절제와 상반된다. 멜랑콜리한 사람들, 즉 우울질의 사람들은 자제력이 없고 정념이 격렬하고 자신의 상상력에 따르므로 이치에 따르지 않는 사람들로 평가되어 있다. 아리스토텔레스는 이성logos은 인간적이기 보다는 신적인 것이므로 이성에 맞는 생활이 바로 신적인 생활이라고 말한다. 신에 대해 명상하는 관조적인 삶과 철학적인 삶이야말로 혼자 있어도 부족함이 없는 가장 행복한 삶이다. 아리스토텔레스의 저작 중에서 현대인들이 읽기에 가장 좋은 책이다.

6. 에피쿠로스, 『쾌락』, 오유석 옮김, 문학과지성사, 2013.

쾌락주의로 흔히 알려진 에피쿠로스의 철학은 현대를 살아가는 우리에게 매우 값지고 소중한 재산이다. 기독교가 전파되기 이전인 기원전 3세기 헬레니즘 시대의 철학자 에피쿠로스(BC 341-270)는 삶의 역경과 고난 속에서도 행복하게 살 수 있는 방법을 모색했다. 철학의 목적이란 모든 고통으로부터의 해방에 있었다. 그는 인간의 본성과 욕망을 인정하고, 기본적 욕망을 만족시키되 지나치지 않아야 마음이 쾌적한 상태인 마음의 평온을 얻을 수 있다고 생각했다. 적절한 수준에서 만족감을 느낄 수 있다면 우리는 지나친 정념에 빠지지 않을 수 있고, 우울증을 막을 수 있다. 에피쿠로스의 말, "사려 깊고 아름답고 정직하게 살지 않고서 즐겁게 살 수는 없다. 반대로 즐겁게 살지 않으면서 사려 깊고 아름답고 정직하게 살 수는 없다. 사려 깊고 아름답고 정직하게 살기 위한 척도를 가지지 않은 사람은 즐겁게 살 수 없다"는 말은 우리가 언제나 간직하며 살아야 할 명언이자 태도이다.

7. 맹정현, 『멜랑콜리의 검은 마술- 애도와 멜랑콜리의 정신분석』, 책담, 2015.

프로이트의 논문 「애도와 멜랑콜리」에 대한 철저한 분석이다. 정신분석가이자 철학자인 저자가 판단하기에 오늘날에도 여전히 프로이트를 읽어야하는 이유는 프로이트가 남긴 문제들이 중요한 의미를 갖기 때문이다. 프로이트는 자신이 무의식을 발견해가는 과정과 착오, 실수까지 기록해 놓음으로써 후세 사람들로 하여금 그 남겨진 단서들을 가지고 새롭게 무의식을 탐험할 수 있도록 하였다. 또한 「애도와 멜랑콜리」라는 논문은 정신분석사에서 다양한 학파들이 갈라지는 분기점이 되었으므로 중요성을 지닌다. 라캉주의와 멜라니 클라인의 대상관계이론이 태동하는 지점이 바로 이 논문이다. 저자는 「애도와 멜랑콜리」를 독자들에게 정확하게 이해시키기 위해 프로이트의 초기 논문부터 시작하여, 프로이트가 1895년에 제시한 리비도의 이론, 1915년의 나르시시즘, 1923년의 죽음 충동의 개념을 총체적으로 설명하는 방식을 취한다. 이렇게 멜랑콜리의 메카니즘을 밝히고, 프로이트가 멜랑콜리와 뚜렷이 구분하지 않았던 강박신경증이나 히스테리 신경증 등과 관련지어 비교하며, 라캉주의의 관점에서 다시 분석하여 멜랑콜리 메카니즘의 논리를 완성한다. 라캉에 의하면 우울함은 병이 아니라 하나의 증상일 뿐이다. 우울을 하나의 신호로 인식하여 그러한 감정 신호 밑에 있는 원인을 해석하는 것이 정신분석이 목표하는 일이다. 가령, 사랑에 빠질 때는 대상이 내가 가진 '환상'을 만족시켜 줄 때이다. 어떤 대상을 사랑하고, 그 대상에 리비도를 투자하는 것은 나의 환상 속에 그 대상을 들여놓는 것이다. 그러므로 그 대상을 단지 현실에서 상실했을 때만 우울해지는 것이 아니라, 그 대상이 더 이상 환상 속의 위치를 점하지 않을 때에도 우울이 발생할 수 있다. 나의 욕망과, 욕망이 빚어내는 환상의 구조를 알고, 대상과 대상의 상실이라는 개념을 확장하게 되면 애도를 좀 더 넓은 관점에서 접근할 수 있다. 이해하기 쉬운 문장과 설명을 통해 프로이트의 정신분석이론을 전체적으로 조망할 수 있고, 라캉의 이론, 대상관계 이론까지 섭렵할 수 있는 훌륭한 저서이다.

8. Raymond Klibansky, Erwin Panofsky & Fritz Saxl, *Saturne et la Mélancolie*, Gallimard, 1989.

이 저서는 1964년, 런던과 뉴욕에서 출판된 『토성과 멜랑콜리 Saturn and Melancholy』의 프랑스어 번역본이다. 멜랑콜리에 대한 '역사적이고 철학적인 연구이며, 자연, 종교, 의학 그리고 미술' 분야를 망라한, 체계적이고 통섭적인 멜랑콜리 연구서라고 할 수 있다. 세 명의 저명한 학자 클리반스키(1905-2005), 파노프스키(1892-1968), 삭슬(1890-1948)이 공동으로 저술한 이 책보다 더 심도 있는 멜랑콜리 연구서는 없다고 해도 과언이 아니다. 파리에서 태어난 독일계 유태인인 클리반스키는 하이델베르크 대학에서 강의하던 중 나치 체제를 피해 이탈리아, 브뤼셀, 런던을 거쳐 캐나다에 정착한 철학자이자 예술사가이다. 파노프스키 역시 독일 출신의 유태인으로 미국에 망명하여 프린스턴 대학에서 연구한 미술사학자이다. 도상해석학의 대가로서, 알브레히트 뒤러의 탁월한 연구자이기도 하다. 비엔나 출신의 삭슬은 함부르크 대학에서 배웠고 이탈리아에서 중세와 신화, 점성학을 연구한 예술사학자인데, 그 역시 나치를 피해 런던으로 이주하여 연구에 몰두하였다. 클리반스키는 이 책의 1989년판 서문에서, 멜랑콜리는 여전히 사람들의 흥미를 끄는, 역사적 가치가 있는 주제라고 말한다. 오늘날의 현대인들도 멜랑콜리라는 감정적 문제에 민감하기 때문이다. 180개의 도판을 제시하고 있는 이 저서는 멜랑콜리 개념과 그 역사적 변천을 기술하고, 멜랑콜리의 별인 토성의 점성학적 의미를 설명한다. 그리고 멜랑콜리가 여러 시대를 거쳐 르네상스 시대 화가인 뒤러의 <멜랑콜리아 I>에서 어떻게 화려하게 꽃피웠는지를 세밀하게 분석한다. 서양 문화와 멜랑콜리에 관심 있는 연구자들에게 소중한 책이다.

9. Jennifer Radden, *The nature of melancholy,* Oxford university press, 2000.

멜랑콜리의 역사를 종합적으로 기술한 저서이다. 한 마디로 정의하기 어려운 멜랑콜리의 성격을 주제별로 제시하고, 멜랑콜리에 대한 저술들을 소개하고 있다. 멜랑콜리라는 하나의 단어에 포함되어 있는 여러 가지 의미들을 역사적으로 밝히고, 히포크라테스의 '이유없는 슬픔과 두려움'이라는 막연한 정의를 현대의학의 질병명으로 구분하기도 한다. 아울러 멜랑콜리와 천재성의 관계, 프로이트의 '상실'의 개념, 그리고 성 역할로 인한 우울증 등이 제시되어 있다.

특히 이 책은 프로이트 이전과 프로이트 이후로 구분하여 멜랑콜리에 대한 저술들을 소개한다. 프로이트 이전 시기에는 아리스토텔레스로부터 시작하여 갈레노스, 이븐 루시드, 티모시 브라이트 등 주로 멜랑콜리의 의학적인 저서들이 망라되어 있다. 프로이트를 계승하는 심리학과 의학 분야에서는 멜라니 클라인, 줄리아 크리스테바, 셀리그만, 벡 등 유명한 심리학자들의 이론과 저술이 소개되어 있다. 멜랑콜리에 대한 풍부한 자료와 체계적인 이론을 겸비한 자료집이다.

10. D. J. Hershman & J. Lieb, *Manic depression and creativity,* Prometheus, 1998.

조울증과 창조성의 관계를 다룬 저서이다. 예술과 학문 분야의 위대한 작품은 열정과 에너지와 광기에까지 이르는 타고난 천성 덕택에 창조될 수 있다. 심각한 조울증 상태는 창작 행위에 장애가 되지만, 경한 조울증 상태가 없다면 작품은 창조될 수 없다는 것이 20세기에 내려진 결론이다. 이 저서는 광기의 다양한 스텍트럼 - 경한 상태부터 격렬한 광기 – 과 천재성의 관계를 역사적으로 간략하게 정리하고, 조울증의 다양한 양상들을 살펴본 후, 수많은 천재적인 인물들을 예로 든다. 그리고 뉴턴, 베토벤, 디킨즈, 고흐의 일대기와 작품들을 조울증의 관점으로 자세하게 분석한다. 위대한 인물들의 정서적, 인격적 결점의 깊이에까지 내려가 창조적 동력의 근원을 찾아내는 서양인들의 태도에는 한 인간의 고유성과 독창성에 대한 깊은 존중과 애정이 자리하고 있다.

〈문학의 기본개념〉 총서를 펴내며

연세대학교 유럽사회문화연구소는 문학과 문화를 공부하는 이들을 위한 입문서로 <문학의 기본개념> 총서를 펴냅니다. 이 총서는 문학을 배우거나 가르칠 때 자주 접하게 되는 주요 개념과 용어, 그리고 문학 현상과 관련된 여러 가지 주제와 이론을 쉽고 체계적으로 설명하는 책들로 꾸며집니다. 동시에 보다 심화된 공부를 위한 디딤돌로 사용할 수 있도록 국내의 연구 성과를 검토하고 최신의 연구 동향을 소개합니다.

지금까지 비슷한 시리즈나 연구서가 없었던 것은 아니지만, 외국 서적을 번역하거나 다루는 항목이 많지 않아서 입문서로서는 아쉬운 점이 많았습니다. 많은 경우 '우리'의 문학 입문서로서 갖추어야 할 현장감과 균형 감각이 크게 부족했고, 너무 전문적이라는 문제도 있었습니다. 우리나라의 문학연구 수준이 자체적으로 문학의 기본 개념을 집필할 수 있는 수준에 이르렀는데도 여전히 번역물에 의존하는 점도 아쉬웠습니다.

<문학의 기본개념> 총서는 이러한 문제점을 인식하고 기획되었습니다. 우선 각 분야의 우리 연구자들이 직접 주제를 선정하고 집필하는 방식을 택하였습니다. 또한 번역물이 지닐 수 없는 미덕, 즉 우리말을 최대한 정확하고 유려하게 쓰고, 우리 문학 작품이나 국역된 외국 작품을 예문으로 삼

아 설명함으로써 독자들의 이해를 돕고, 스스로 작품을 찾아 읽어볼 수 있게 배려하였습니다. 나아가 우리나라의 대학 교육현장에서 강의하고 연구한 경험이 배어있는 글쓰기를 추구하고자 하였습니다.

<문학의 기본개념> 총서는 2001년 3월부터 필자를 공개 모집하기 시작하여 2003년 2월에 처음으로 1차분 네 권을 선보인 이래, 50권 발간을 목표로 꾸준히 출간되고 있습니다. 이 총서는 전국에 있는 모든 문학 연구자에게 집필의 장을 활짝 열어 놓고 있습니다. 소수의 전공자들만 읽는 학술지를 제외하고는 마땅한 글쓰기 장을 찾지 못했던 분들은 이 총서를 통해 좀 더 폭넓은 독자들과 만날 수 있을 것입니다. 뜻과 역량을 갖춘 연구자 여러분들의 적극적인 동참을 기대합니다. 유럽사회문화연구소 홈페이지(http://web.yonsei.ac.kr/ieurope)에 자세한 정보와 집필 신청서가 있습니다.

이 총서가 출간되기까지 많은 이들이 헌신적으로 도우셨습니다. 총서를 기획하고 발판을 마련한 (전)유럽문화정보센터의 초대 연구소장인 고영석 교수와 특히, 온 힘을 다해 애써준 1기 편집 위원 이경덕, 윤정임, 안소현, 김경식, 한수영, 이선미, 오정숙 선생의 노고를 기록해 두려 합니다. 또한 2기와 3기, 4기 편집 책임자인 김경식, 박은경, 신성엽 선생의 땀방울도 총서에 스며있습니다. 연세대학교는 연구비 지원을 통해 기획과 집필이 가능하도록 도와주었습니다. 고마운 일입니다. 연세대학교 대학출판문화원은 출판을 맡아

수고해 주셨습니다. 이 모든 노고를 통해 우리의 문학/문화 연구 기반이 더욱 탄탄해지기를 기대해 봅니다.